李世民管理日志

潘竞贤 张兴龙◎编著

国学管理日志系列③

ZHEJIANG UNIVERSITY PRESS
浙江大学出版社

目 录

三月　同心同德

四月　赏罚不可轻行

五月　吉凶由己

六月　扬人之善

七月　常怀畏惧

八月　防怠防弊

九月　识前言往行

十月　无偏无党

十一月　至公理天下

十二月　大匠无弃才

前　言

　　随着经济全球化的浪潮,现代人在繁华富丽的物质文明中,成功地实现了对人类本质力量的肯定,在深深陶醉于智慧的无穷创新之时,我们又不得不面对金融危机涤荡下的尴尬和孱弱。

　　这不得不让我们重提马克思对工业文明发展的卓越认识。在马克思看来,工业文明是一本打开了的、体现着人类本质力量的书,这本书的灵魂就是产业哲学,它的骨骼与内容是一幅徐徐展开的体现着人类本质力量的人文画卷,那就是城市文化。

　　事实上,马克思对工业文明的认识,已经被当下商业文明再次证实:一方面,作为工业文明高端成果的代表,商业文明越来越体现着人类本质力量中令人无法拒绝的诱惑,直面商业文明已经成为当下人类文明历史进程中的主题;另一方面,政治、经济、文化等各种商业文明形态彼此交织、错综复杂的文化图景,使得全球、国家、地区、城市、社区商业生产和活动都受到了巨大的冲击。如何从金融危机的阴霾中实现突围,彻底构建现代商业文明中的"城市文化",让人类创造的商业文明成果不再成为奴役和控制现代人性自由的"异化物",不仅是当下文化精英、学者需要直面的沉重责任,也是所有商业人士不应该逃避的历史使命。

　　一种比较时尚而简捷的方式是,直接从西方商业文明成果中挖掘文化资源,然后移植、嫁接到中国大地上,于是,在中国商业市场这个庞大的超市货架上,我们可以看到无数的西方商业文明成果被直接翻译过来。客观地说,这些西方商业文明资源对于中国当下商业生产活动有着重要的借鉴意义。毕竟,西方的商业文明成果是世界公认的一大笔财富。但是,正如中华民族的肤色与西方人差别实在太大一样，西方商业经营管理模式的强行移植，必然将切断中华民族商业文明自身的正常发展过程。在这种情况下，一切西方商业生产、经营、管理之道，都面临着排异反应的问题。如何在输入西方商业文明新鲜血液的同时，保证中国的这个庞大的商业身躯不出现排异反应，仅仅通过外来文化的移植显然是不够的。

从中国本土文化资源中深入、全面地挖掘商业文明历史资源，可以有效地避免上述排异反应。这里尤其需要澄清一个认识上的误区，就是长期以来，许多人片面地认为中国的商业文明无法与西方国家的相比，认为中国深受农业文明的影响，商业文明远远不如西方国家那么发达。其实不然。如果仅仅以现代工业文明时期的商业文明成就而言，西方国家在这方面更为突出，这是不争的事实。但是，当我们把眼光放到悠远的历史长河中，我们就会惊奇地发现，中国古代商业文明的成就足以和任何民族相媲美。然而，古代丰富的商业文明资源，要么由于我们的自卑，要么因为西方人的傲慢，而被长期搁置冷落。

现在，我们需要对中国古代厚重的商业文明资源加以挖掘、整理、开发，而商业文明资源绝不仅仅指的是那些纯粹的商业经营管理经验，还包括一切可以支撑起商业文明生产发展的历史文化资源。这种政治、经济、文化等各种文明形态胶着缠绕在一起的历史资源，恰恰是中国文明历史资源的一大特色。通过对历史、政治、管理等各种思想资源的重新解读，不仅仅可以恢复、还原中国民族商业文明的辉煌成果，还可以重新生发、滋生新的思想。同时，把中国商业文明历史资源与西方相似的地方加以比较整合，可以真正实现古为今用、洋为中用的目的。

唐朝史家吴兢所辑纂的《贞观政要》，是古代中国一部重要的历史著作，记载了唐太宗君臣之间政治、制度、人事、教诫、做人等方面的各种道理，是唐代以后历代君王治国的"必修科目"。我们从现代商业管理之道的角度对其加以重新解读，编著了这本《李世民管理日志》，目的就在于上面所说的为中国现代商业文明发展提供本土的文化资源，实现中国商业文明的可持续发展之道。

正　身

第一周

星期一
存 百 姓

为君之道,必须先存百姓,若损百姓以奉其身,犹割股以啖腹,腹饱而身毙。

——《贞观政要·君道第一》

【译文】

当国君的法则,必须先考虑百姓,让百姓生存下去,如果损害百姓的利益来奉养自己,那就像割自己大腿上的肉来填饱自己的肚子,肚子是饱了,人却死了。

笔 记

"君道第一"是《贞观政要》的首篇,全书的总纲。唐太宗在贞观初年(627)与大臣们谈论为君之道时,提出了"存百姓"的思想。隋炀帝残忍无道,导致民不聊生。李世民亲眼目睹了这一切,他吸取隋亡的教训,确立了"存百姓"为治国安邦的思想。

治理国家要"先存百姓",现代企业的管理同样要把员工的利益放在首要位置。企业要靠员工来创造效益,管理者即使具有卓越的才华和超人的能力,也不可能一个人成就伟业。克莱斯勒汽车公司的创始人华特·克莱斯勒曾说过:"不管多么伟大的企业,都必须仰赖员工各自贡献才能和力量,才能创造出辉煌的成果。"如果管理者以牺牲员工的利益来增加企业的效益,最终只会导致众叛亲离,甚至破产倒闭。始终坚守"存员工"的思想,会赢得员工的拥护、支持、信任、尊敬,整个团队众志成城,共创伟业。

行动指南

管理者不仅要在企业蒸蒸日上的时候体恤员工,更要在企业出现危机之时为员工考虑,绝不能为了保全组织而损害员工利益。

星期二
正　身

若安天下，必须先正其身。未有身正而影曲，上治而下乱者。

——《贞观政要·君道第一》

【译文】
　　如果想要天下安定，君主必须先端正自身行为。从没有身子端正而影子弯曲，上面治理得好而下面发生动乱的现象。

笔　记

　　贞观初年（627），唐太宗跟左右近臣讨论治国的道理，指出"正其身"的重要性。

　　要想下属心服口服，管理者就必须加强自身修养，作出优秀的表率。孔子说："其身正，不令而行，其身不正，虽令不行。"管理者自身的修养就是一道无声的命令，让下属甘愿为其效力。

　　裴矩曾侍奉过隋炀帝和唐太宗，《资治通鉴》中评价他"佞于隋而忠于唐"。这是因为君主不同，明君造就了忠臣。唐太宗是一位优秀的领导者，用极高的修养使自己成为天下的表率。据历史记载，一次，唐太宗担忧官吏受贿，秘密派左右向官吏行贿，以试验他们是否受贿。有一个官员接受了贿赂，唐太宗要杀他。裴矩提出："受贿当死，然而行贿也不符合以德教化、以礼规范行为的准则。"唐太宗高兴地说，裴矩当官力争，不看我脸色行事，如果每个大臣都这样，何愁国家不治呢。

　　作为企业的管理者，要想获得下属的信服，自身修养是至关重要的。能"正其身"的管理者浑身闪耀着一种人格魅力，会有形或无形、有意或无意地感染下属。如果领导不严于律己，却对员工要求严格，员工自然不愿服从。不能使员工信服，员工自然不会尽其所能，整个团队就会人心涣散，失去向心力和凝聚力，影响团队的良性运作和健康发展。

行动指南

一个优秀的领导者,应该做到"正身"以感染员工,为员工树立榜样,让上进心强的员工主动地效仿学习,让落后的员工自惭形秽,发挥领导"正身"潜移默化的作用。

星期三

不 纵 逸

朕每思伤其身者不在外物,皆由嗜欲以成其祸。若耽嗜滋味,玩悦声色,所欲既多,所损亦大。既妨政事,又扰生人。且复出一非理之言,万姓为之解体,怨谤既作,离叛亦兴。朕每思此,不敢纵逸。

——《贞观政要·君道第一》

【译文】

我常常想到,伤害自己的往往不是身外之物,都是自身的贪婪欲求最终导致了祸患。如果一味沉迷于口腹之欲,声色犬马,自身的欲望越多,受到的损害也就越大。不仅妨碍了国家政事,而且搅扰百姓生活。要是再说出一些不合道理的话,那么,就会民心涣散,怨声载道,最终众叛亲离。我每想到这些,就不敢有一点的骄纵懈怠。

笔 记

"食色,性也",无论是口腹之欲,还是美色之念,在中国古人看来,并非一概都如洪水猛兽般可怕。但是,当一个人对自身本性欲求达到极端,即贪婪成性、骄奢淫逸,那么,就已经不再是合理的欲求,而是对自身严重损害的祸患了。

唐太宗亲眼目睹隋炀帝骄奢淫逸、国灭身死的下场,深知自己如果放纵骄奢,必将重蹈覆辙。由此,他总结出深刻的治国经验:治国者当戒除骄奢淫逸。

更可贵的是,唐太宗指出君王骄奢纵欲之过并非来自外因,而是完全因为自己的缘故,其看待纵欲的危害和原因的深刻性,确实令人赞赏。

唐太宗告诫不纵逸,并不是要求帝王消除个人的正常欲望,而是提醒要以国家社稷安危为重,节制个人欲望,要以天下百姓生活来警示在位者慎言慎行。这些思想对于他开创中国历史上少有的繁荣局面具有直接的影响。

行动指南

第一,领导应该时时刻刻提醒自己不要放纵欲望,骄奢淫逸的危害并不仅在于恶性消耗个人积累的所有财富,而且,将导致人性的扭曲,这对于一个团队而言,其危害就绝不是涉及个人私生活那么简单了。

第二,不纵逸还包括在公司行政权力的使用上,领导切忌自以为掌握了"生杀大权",肆意滥用手中的权力,因为这将直接导致整个公司团结朴实风气的瓦解。

第三,不纵逸并非是故意"装穷"过苦行僧的生活,而是在满足正常需求前提下,不要有过分的贪婪欲求。

星期四
兼听则明

君之所以明者,兼听也;其所以暗者,偏信也。……是故人君兼听纳下,则贵臣不得壅蔽,而下情必得上通也。

——《贞观政要·君道第一》

【译文】
　　国君之所以圣明,是因为他能广泛地听取各方面的意见;国君之所以昏庸,是因为他偏听偏信。……所以,人君如果广泛听取并采纳下面的意见,那么下情就可以无阻碍地上达,权贵重臣无法蒙上蔽下了。

笔　记

一次,唐太宗询问魏徵明君和昏君的区别,魏徵提出了"兼听则明,偏信则暗"的观点,受到唐太宗的高度赞赏。当时不仅魏徵直言纳谏,朝中很多大臣如王珪、虞世南、马周等也敢于直言,时刻提醒君王的言行。

魏徵是一位耿介的忠臣。做官十七年间,对各个方面都提出了明智的劝谏,涉猎之广,谏奏之多,言语诚恳犀利,因而唐太宗把他比作一面镜子。

臣子敢于犯颜直谏,唐太宗起着关键的作用。一是他善于听取并采纳各种意见,心胸宽广,兼容开明。接受逆耳的忠言需要勇气和宽容的心胸,唐太宗总是虚心接受谏言,而且不断采纳意见完善自己。二是鼓励臣子纳谏,广开言路。他不止一次提到希望臣子勇于直言,一再表明不会以冒犯尊严、违背旨意而对劝谏的大臣滥施杀戮。三是明辨是非忠奸。多方听取意见之后,他对各种答案进行整合分析,筛选出明智的见解,孰是孰非,谁忠谁奸,心中明了,这样才能作出正确的决策,"亲贤臣,远小人",不被奸诈之人蒙蔽。唐太宗的"兼听纳下"创造了一种开明的政治环境,朝廷上下形成了一股谏诤的风气。

"兼听纳下",是企业领导者必须具备的素质。人无完人,没有一个领导者可以自信地认为自己的决策、想法都是正确的。领导者广泛收集各方面的意见,虚心接受员工的建议,集思广益,不仅可以修正缺陷,还可以迸发思想的火花,为企业获得更多的效益。

行动指南

第一,广泛聆听每一个员工的意见,增加与员工的交流和互动,了解员工对企业的真实想法,以获取有益的信息。

第二,鼓励员工积极提出建议,为员工搭建自由言论的广阔平台。

第三,培养洞察力和敏锐的头脑,合理评估各种意见,采纳并实施好的建议、提案。

星期五

守　道

克终者鲜，败亡相继，其故何哉？所以求之，失其道也。

——《贞观政要·君道第一》

【译文】

能够做到善终的君王非常少，国家衰败倾覆相继发生，这是什么原因呢？寻找君王们相继亡国的原因，是因为他们没有遵行治国之道啊。

笔　记

贞观十一年(637)，魏徵向唐太宗上书进谏，畅谈古代帝王开国之时皆能驾驭英才，无不希望辛苦创建的伟业可以延续万年，但是，真正能够善终者却极为少见。魏徵以古喻今，告诫唐太宗应该吸取此前亡国之君的教训，要将治国守道贯穿始终。

"守道"这段，包含了如下几个方面的意义：

一是"克终者鲜"。魏徵指出，历代帝王丧国并非因为他们一开始就是无可救药的昏君，相反，他们能够开创天下，依靠的正是超出一般人的智慧和谋略。但是，在打下江山之后，能够保持最初清醒头脑的就少见了。其继承者也往往如此，这样世代相传，败国亡国就是早晚的事情了。

二是"败亡相继"。君王无不知道亡国之耻，但是，国灭身死的却并非孤立的个案，魏徵的劝诫实际上揭示了这样一个事实：亡国之悲剧一而再再而三地发生，已经是一种比较普遍的社会历史现象，足见帝王对此应该保持更多的危机感。

三是"失其道也"。这里的"道"，指的是古代帝王都要身体力行的治国之道。虽然不同的历史时代，道的内涵并不完全相同，但是，有一点是一致的，就是帝王应该保持创立基业之时的英明，吸取前朝覆辙的教训，时时刻刻记着偏离帝王之道必将亡国的历史规律。

人们常说"万事开头难"。其实，对于现代管理者而言，开创公司固然不易，但是，当你带领自己的团队已经在市场上打下一片属于自己的地盘的时候，并非意味着难事就此结束。相反，如何保持清醒的头脑，如何让自己的行动固守经营之道，是团队究竟能走多远的重要因素。

行动指南

第一，在公司有了良好的业绩之后，不要被暂时的胜利冲昏了头脑，要知道真正的考验才开始。

第二，管理者要意识到公司破产衰败是一种必然的社会现象，但是，并非不可避免。秘诀不仅在于公司的创立者本人能够善始善终，还要求继任者能够始终如一。

第三，管理者不仅要了解商业经营之道，更要在实践中坚持。

第二周

星 期 一

虞后患

彼炀帝岂恶天下之治安,不欲社稷之长久,故行桀虐,以就灭亡哉?恃其富强,不虞后患。

——《贞观政要·君道第一》

【译文】

隋炀帝难道就厌恶自己的天下长治久安,不想让社稷江山世代长久,故意要施行像夏桀一样的暴政,以此弄得隋朝灭亡吗?他只是因为依仗国家富强,认为就没有后患罢了。

笔 记

唐太宗重提大臣劝诫他应该吸取隋朝灭亡的教训,意味深长:

一是隋朝灭亡与统治者丧失忧患意识直接相关。隋炀帝之所以大兴土木、肆意淫乐,正是他没有意识到国家终将因为他的行为而灭亡的危险。

二是正如中国道家哲学所言的"祸福相倚",国家的强大本来更利于统治者实现长治久安。但是,一旦统治者忘乎所以,有恃无恐;那么,这种财富的积累就已经转变为一种巨大的祸患了。

三是唐太宗重提魏徵"居安思危"的谏言,不仅是对魏徵总结隋朝灭亡原因合理性的充分肯定,还是对自己应该时时保持忧患意识的一种提醒和自勉。

事实上,翻阅唐朝的历史,我们不难发现,唐太宗虽然身为显赫的皇帝,但是,其居安思危的忧虑感、危机感与一般皇帝的安逸显赫形成极其强烈的对比和反差。这种发自内心的忧患意识,对于当下遭受金融危机横扫之后的商界而言,其警示的意义远远超出了一般的政治忧虑。

行动指南

"后患之虞"来自于领导者自身对市场的判断能力,只有清醒地意识到市场竞争内在规律的领导,才可能真正从内心深处发现企业生存的危机。

同时,"虞后患"要求企业领导者能够以"祸福相倚"的道家哲学理念来看待企业的前期成绩,不要仅仅想到这是领导和团队的荣耀,更应该想到它可能同时也是一种阻止继续前进的枷锁。

星期二

日慎一日

若能鉴彼之所以亡,念我之所以得,日慎一日,虽休勿休。焚鹿台之宝衣,毁阿房之广殿,惧危亡于峻宇,思安处于卑宫,则神化潜通,无为而治,德之上也。

——《贞观政要·君道第一》

【译文】

如果能够借鉴隋朝之所以亡国的教训,思考我唐朝之所以能够得天下的经验,一天比一天谨慎,虽然有功德而不自恃骄傲。焚毁殷纣王的鹿台、宝衣,拆毁秦始皇的阿房宫,居住在宏伟的宫殿之中而心有危亡之惧,居住在简陋的屋舍里却感到安全,这样就能与天地的神明在冥冥之中相通,实现无为而治,这才是德行的最高境界啊。

笔 记

唐太宗能居安思危已属不易,更难能可贵的是,他把危机意识贯穿在日常生活的每一天,由此形成"日慎一日"的危机感。

"日慎一日"的危机意识主要有如下几个深刻的内涵:

一是"鉴彼之所以亡,念我之所以得"。为什要有危机意识?就是因为任何事物都处于此消彼长、祸福相倚的阴阳转化之中。唐朝获得天下，正是建立在隋朝统治者放纵骄奢、毫无危机意识的基础上，这也意味着如果唐朝统治者丧失危机意识，终将重蹈隋朝覆辙。

二是"惧危亡于峻宇，思安处于卑宫"。唐代以前的封建统治者，往往把殷纣王、秦二世的覆灭作为警示自己的反面教材，唐太宗对此当然不会忘记。通过魏徵的进谏，他更加认识到，安稳太平的形势往往潜伏着可怕的危机，而置身于陋室之中，恶劣的环境往往能够激发人的斗志，让人保持清醒的头脑，心里也才会感到安稳。如此深邃的历史眼光，对于贞观之治繁荣局面的开创，无疑具有积极的意义。

三是"无为而治，德之上也"。中国道家哲学大讲"无为而治"，"无为"其实并非真正地去除"人为"，而是让人在掌握了自然规律之后，通过人的本质力量进行控制和驾驭，由此获得天下大治的局面，这才是德性修养的最高境界。

行动指南

第一，把企业生存的危机感积累在日常生活行为上，尤其是在公司获得巨大成绩面前，更应该慎重考虑此后发展规划。

第二，"细节决定成败"。领导者日常生活中的谨慎行为，日积月累就是决定此后成败局势的细节。

星期三
积　德　义

臣闻求木之长者，必固其根本；欲流之远者，必浚其泉源；思国之安者，必积其德义。源不深而望流之远，根不固而求木之长，德不厚而思国之理，臣虽下愚，知其不可，而况于明哲乎？

——《贞观政要·君道第一》

【译文】

我听说，想让树木长得好，一定要使树根生长得坚固；想让河流流得远，一定要疏浚河的源头；思虑国家的安定，一定要积累道德仁义。源头不深而希望它流得长远，树根不稳固而希望它生长得好，品德不深厚而希望国家安定，我虽然非常愚笨，但是也知道那是不可能的，何况您这样明智的人呢？

笔 记

魏徵对唐太宗进谏的"积德义"，其要义在于：

一是把德义的重要地位看作木之根、河之源，德义对于一个人而言，不再是只属于君子才具有的高尚修养行为，而是决定个体生命意义的根本。

二是德义重在积累，木之根、河之源的重要性并不在于其广大，而在于补给树木之生命、河流之水量的不间断的、持久的积蓄能力，这正是小溪可以汇聚水流成为浩瀚江海的道理。

三是治理国家之道与"求木之长者，必固其根本；欲流之远者，必浚其泉源"相通，一个君王的道德仁义就是国家这棵参天大树之根、国家这条河流之源，根稳、源浚则国家必然昌盛。

行动指南

领导要注重修炼品德仁义，这不仅仅是领导个人道德问题，还直接关系到整个团队发展的根本，没有员工希望在无德的领导之下工作。

领导还应该从公司生存的角度看待品德修养问题，不仅要求自己品德高尚，还要在任用选拔员工的时候，注意考察品德仁义。

星期四

竭诚待下

昔取之而有余，今守之而不足，何也？夫在殷忧，必竭诚以待下；既得志，则纵情以傲物。

——《贞观政要·君道第一》

【译文】

　　当初帝王们创业时做得好的确实很多,现在能坚持到底的很少。为什么?这是因为:他们处在深重忧患中的时候,必然竭尽诚意对待部下和百姓;已经达到目的后,往往就变得使气任性、对人傲慢。

笔　记

　　自古以来,"礼贤下士"一直被统治阶级作为网罗人才为其卖命的工具,"三顾茅庐"的典故,已经成为历代封建统治者收罗人才效仿的榜样。大唐帝国的建立,也得益于李渊、李世民父子俩手下拥有大批忠心耿耿的谋臣将士。

　　但是,算得上贤能的人,往往又会沾染恃才傲物、特立独行的个性,那么,如何能够让这些人心甘情愿地臣服?最好的办法并非是荣华富贵的诱惑,而是君王们必须彻底放下高高在上的架子,以真诚之心对待他们,这是"竭诚待下"的第一层意义。

　　"得人心者得天下",大唐帝国如果是一个庞大的金字塔,则皇帝高居金字塔的最顶端,其下是谋臣将士,最底端的是普天之下的黎民百姓。如此看来,仅仅得到人才还无法令这个帝国稳固,最根本的办法是得到天下百姓的支持,因此,唐太宗的"竭诚待下"的第二层含义是"民为贵"。

行动指南

　　尊重员工,而且这种尊重应该建立在内心真诚的基础上,而不是一种形式主义。

星期五

十　思

　　君人者,诚能见可欲则思知足以自戒,将有作则思知止以安人,念高危则思谦冲而自牧,惧满溢则思江海下百川,乐盘游则思三驱以为度,忧懈怠则思慎始而敬终,虑壅蔽则思虚心以纳下,想谗邪则思正身以黜恶,恩所加则思无因喜以谬赏,罚所及则思无以怒而滥刑。

——《贞观政要·君道第一》

【译文】

作为统治者,如果能够真正做到:看见自己喜欢的东西,就想到应该知足来警惕自己;想到大兴土木,就想到适可而止,使百姓生活安宁;想到君位高且危,就不忘谦虚加强自身道德修养;害怕自己骄傲自满,就想到江海所以巨大,是因为能在百川之下;游玩打猎忘返之时,就想到古人说的"一年三次"田猎为限;忧虑自己松懈懒惰之时,就想到自始至终都应保持谨慎;害怕自己耳目被奉承堵塞、遮蔽,就想到虚心接受下面意见;担心有谗邪的人在身边,就想到要自身正直,摈弃奸佞之人;施加恩惠之时,就想到没有因为个人偏爱而给予不恰当的奖赏;使用惩罚之时,就想到没有因为生气而滥用刑罚。

笔 记

此为历史上著名的魏徵谏太宗十思疏之一,《旧唐书》曾赞扬魏徵的奏疏"可为万代王者法"。贞观十一年(637),魏徵任门下侍中(宰相之一),此是这一年所上四篇疏中的一篇。

面对贞观年间的太平盛世,唐太宗逐渐骄傲自满,在群臣面前公开炫耀自己"武胜于古"、"文胜于古"、"怀远胜古",并改变了过去的勤俭作风,生活奢靡腐化,大肆修建豪华宫殿,而群臣则一味歌颂盛世。魏徵连续向太宗上疏,劝诫太宗慎思慎行,太宗阅后感激地说:"得公之谏,朕知过矣。"

魏徵所谏十条,每一条都是针对人性的弱点,他告诫唐太宗在每个方面都要约束和克制自己。由于魏徵的坚持,太宗最终做出了妥协,不仅克制了自己的脾气与欲望,还成就了中国历史上求谏纳谏的一段最著名的佳话。

行动指南

在做出任何一个具体行为之时,首先应该考虑一下这个行为是出于满足自身的需要,还是有利于整个团队的发展。

第三周

星期一
择善从之

简能而任之,择善而从之,则智者尽其谋,勇者竭其力,仁者播其惠,信者效其忠。……何必劳神苦思,代下司职,役聪明之耳目,亏无为之大道哉!

——《贞观政要·君道第一》

【译文】

选取贤能之人任用,择取好的意见遵从,那么聪明的人就会竭尽他们的智谋,勇武的人就会竭尽他们的气力,仁义的人就会广施他们的恩惠,诚信的人就会贡献他们的忠心。……君王垂衣拱手就能治理好天下,哪里一定要劳神苦思,亲自去代理百官的职务和差使,使自己聪明的耳目劳苦呢?

笔 记

选贤任能是大唐帝国对待人才的一条重要经验,唐太宗此举的深意在于:一方面,人才被君王们聚集在身边仅仅是笼络人才的第一步,更重要的是如何能够留住人才、使用人才,否则,贤能之人要么是装饰,要么是对人才的极大浪费;另一方面,如果做到人尽其才,君王就可以把自己从诸多繁杂之事中解脱出来,实现无为而治,这才是古代帝王治国的最高境界。

治国和治理企业在这一点上是类似的,现在诸多企业老板事必躬亲,固然勤奋有加,但是,效果并不见得好,唐太宗的择善从之可以提供直接的帮助。

企业管理者往往在勤奋方面表现得令人钦佩,但是,勤奋并不代表包办一切。事无巨细、无一遗漏的领导管理方法,可能适得其反,不仅严重束缚了手下各个部门负责人的手脚,不给他们留下展示才华的空间,还可能因为自己的包办,严重挫伤下属的积极性和自信心,有损整个团队的凝聚力。

行动指南

　　能够选取贤能之人到适合的岗位展示自己的才华,不仅是领导解脱繁杂劳务的最好办法,而且是在工作中发现人才、培养人才的最重要途径。

　　人尽其才,最重要的前提是在选才上把好关。只有真正做到"择善从之",才有可能实现无为而治。否则,领导只能忙于为部属的错误不断地补漏洞。

星期二
人臣之责

夫为人臣,当进思尽忠,退思补过;将顺其美,匡救其恶,所以共为治也。

——《贞观政要·君道第一》

【译文】

　　作为人臣,在朝堂之上应当想着如何为国尽忠,不在其位应该考虑修身补过;君王有美政应该顺势帮助,国君有过失应该匡正补救,去除其恶,这是君臣同心治理国家的办法啊。

笔　记

　　唐太宗身为一国之君,需要大臣的辅佐帮助。在他看来,作为一名臣子,如果是上朝议政,就应当积极为国家进献忠心,如果不在朝堂之上,那就应该好好考虑是否还有不完善的地方,唯其如此,才能实现君王和臣子理想的一致。

　　唐太宗的这番话指出了一个最基本的道理就是,只有上下团结一致,国家才有希望实现大治。在上层政治权力斗争极其复杂,甚至残酷的封建宫廷里,唐太宗的理想也许很难实现。但是,作为一个国家的最高统治者,无疑应该积极倡导这样的政治局面,并且,尽可能地创造有利于这个局面形成的各种环境。

行动指南

第一，调动员工们参与整个团队建设的主动性，实现领导和员工"心往一处想，劲往一处使"。

第二，员工积极参与公司建设、认真工作并不仅仅表现在工作时间，还表现在下班以后，甚至离开这个公司以后，心还能系在公司生存发展的命运上，能够让员工这样做的领导才算是真正优秀的领导。

星期三
居安思危

观自古帝王，在于忧危之间，则任贤受谏。及至安乐，必怀宽怠，言事者惟令兢惧，日陵月替，以至危亡。圣人所以居安思危，正为此也。

——《贞观政要·君道第一》

【译文】

综观自古以来的帝王，在忧患危难之时，就会任用贤能、接受劝谏。而一旦到了环境安乐之时，就必定放纵懈怠，使劝谏的人战战兢兢，心怀恐惧，如此日月交替，直至国灭身亡。圣人之所以居安思危，正是因为这个原因。

笔　记

"居安思危"是魏徵的一段精辟见解，魏徵回顾历史上无数帝王亡国身死的悲剧，总结经验教训，劝诫唐太宗应该在太平大治时期心怀忧惧之心，真正践行圣人居安思危之道。

环境既可以成就一个帝王的事业，也可以导致亡国的悲剧。历史上的越王勾践正是在忧患危难之时，任用了大批贤能之士，卧薪尝胆，终于成就了一番霸业。吴王夫差也正是在击败勾践后的安乐环境中，放纵情欲，骄奢懈怠，最终被勾践所灭。历史兴亡交替的事实，证明了客观环境对于古代帝王的事业至关重要。魏徵以此劝诫帝王不仅应在逆境中崛起,还要在顺境中保持忧惧之心。

行动指南

优秀的管理者在顺境和逆境面前都应充分利用环境因素。在困境中,忧惧公司的生存危机,接受一切合理的建议,带领整个团队走出困境。在顺境之中,则要时刻保持谨慎心态。

星期四
空杯之心

朕以弧矢定四方,用弓多矣,而犹不得其理;况朕有天下之日浅,得为理之意,固未及于弓;弓犹失之,而况于理乎!

——《贞观政要·政体第二》

【译文】

我用武力平定四方,用过的弓很多,而竟仍然没有完全弄通其中的道理。更何况我统治天下的日子非常短,对于治国的道理,肯定还比不上对弓箭的了解,对弓的认识尚且还有失误,更何况对治国之理的认识呢?

笔 记

唐太宗自小就喜欢玩弄弓箭,自以为对弓箭了如指掌,他拿十几张好弓给工匠看,工匠看完后却认为不是良材制的好弓。经过工匠的一番解释,唐太宗恍然大悟,才发现自己的浅薄,由此联系到自己对治国的道理知之更少。

唐太宗作为一位统治者,能清醒而谦虚地承认自己知识的浅薄,需要何等的胸襟和勇气。唐太宗不仅善于发现自身的浅薄,更是毫不忌讳地公开承认并努力克服,克服的方法就是不断学习。庄子曰:"吾生也有涯,而知也无涯。"人生有限,知识却无穷无尽而且变化多端,治国之理更是奇妙无穷。唐太宗深谙其中的广博,因此孜孜不倦,不骄不躁,努力汲取新知识。

对于一位优秀的领导者,学习是永恒的主题。信息发达、竞争激烈的现代社会,更要求企业领导者的知识水平不断提高,以适应不断变化的市场。

行动指南

要善于和勇于发现自己的浅陋,深入专业领域,扎实业务知识,正视知识的缺漏并加以弥补,对层出不穷的新知识、新理念要及时掌握。在增强自身知识的同时还要发动整个团队学习,构建学习平台,打造一支学习型团队。

星期五
明辨是非

人之意见,每或不同,有所是非,本为公事。或有护己之短,忌闻其失,有是有非,衔以为怨。或有苟避私隙,相惜颜面,知非政事,遂即施行。难违一官之小情,顿为万人之大弊,此实亡国之政,卿辈特须在意防也。

——《贞观政要·政体第二》

【译文】

人们的意见,常常会不相同,有正确的也有错误的,而本意都是为了公事。但有的人为了掩盖自己的缺点,不愿意听见别人指出自己的过失,听见有人说起他的对错是非,就怀恨在心。有的为了避免和其他人发生私人恩怨,相互照顾面子,明明知道这样做妨碍公事,仍然施行。这种做法只是没有违背一个官员的私人感情,但是在顷刻之间造成了危害上万百姓的大弊端,这实在是亡国的弊政,你们要特别加以注意和防范啊。

笔　记

明辨是非是贞观元年(627),唐太宗对黄门侍郎王珪所说的话。唐太宗对王珪说此话具有深刻的历史背景。王珪是唐代初期著名的政治家,在贞观二年(628)

任侍中,进位宰相,成为与房玄龄、魏徵、杜如晦等齐名的唐初宰相,因敢于直谏、惩恶扬善而闻名,其进谏对于唐代初期的政治稳定发挥了重要的作用。唐太宗面对他谈论明辨是非,既是唐太宗对政治策略的经验之谈,同时,也是他真正在实践上具有明辨是非能力的证明。

辨明对与错、是与非,是每个人理性思维发展的基本标志,对于一国之君而言,是否具有这个能力,在很大程度上决定了这个国家是走向政治清明还是走向昏庸腐败。

行动指南

在大是大非面前,领导必须保持理性,不应该顾及任何私人情感,而应该坚持是非的原则性。混淆是非,不仅以私损公,还将导致整个发展战略的错误。

辨明是非需要虚心接受别人对自己是非的议论,不能堵塞下属议论领导是非的言路,保持职工进谏的畅通,培养自己闻过则喜的宽阔胸怀。

星期一

志尚清静

古之帝王为政,皆志尚清静,以百姓之心为心。近代则唯损百姓以适其欲,所任用大臣,复非经术之士。汉家宰相,无不精通一经,朝廷若有疑事,皆引经决定,由是人识礼教,理致太平。近代重武轻儒,儒行既亏,淳风大坏。

——《贞观政要·政体第二》

【译文】

古代帝王治理天下,皆崇尚内心清静,以天下百姓所欲作为自己所想。近代帝王却一味地损害百姓满足自己欲望,因此任用的大臣,再也不是从前那种精通经学儒术之士。汉代宰辅大臣都精通儒家经典,如果朝廷有疑难之事,都通过参考经典书籍来决定治国之道,因此人们普遍知晓礼教,国家太平。近代帝王则崇尚武力轻视儒术,儒学已经受到严重亏损,淳朴民风必然大坏。

笔 记

贞观二年(628),太宗问黄门侍郎王珪:"近代君臣治国,多劣于前古,何也?"王珪回答说,古代君王欲望少,清心治国。汉代的宰辅大臣都精通儒家经典,因此修养较高,于是大兴礼教,天下太平。太宗帝受到了启发,他决定今后官员如果有学识、有实际工作经验的要给予升迁。

古人无论治国之道还是日常行为处事,都非常讲究依据前朝经典教义,这其中固然有守旧的思想。但是,既然这些经典是先哲们集体智慧的结晶,同时,又经历漫长历史的考验,能够被广大人民所接受,足以证明其科学性与合理性。所谓"没有规矩不成方圆",儒家经典教义就是前人立下的规矩,它可以有效地引导后人,实现礼教大兴、国家大治。

唐太宗有感于古代帝王治国比今人好,并非是盲目尊古薄今。因为历史的发展并非直线形的递进关系,而是螺旋形上升的,古代创造出来的今人至今无法超越的诸多伟大成就,足以让我们现代人好好反省一下唐太宗疑问的真正价值。

行动指南

"志尚清静"并非去除人为的欲望,而是应该摒弃个人私欲,心中只存公司和员工的利益,以公司和员工所欲为自己所欲。

优秀的领导还应该善于从以前商界的经验典籍中获取和总结经验,汲取古人管理方面的智慧,实现古为今用的目的。盲目贬低历史成就,要么是对前辈成就的无知,要么是对自己能力的盲目自负。

星期二
切勿独断

夫心暗则照有不通,至察则多疑于物。……每事皆自决断,虽即劳神苦形,未能尽合于理。

——《贞观政要·政体第二》

【译文】

隋文帝自己内心阴暗,高尚的道理也无法打动其心,他对人性悟得太透彻,对任何事情都不能相信。……每件事情他都亲自决断,虽然他为此劳神苦形,事必躬亲,但是,所达到的效果并不符合道理。

笔记

贞观四年(630),太宗帝问隋朝开国君王杨坚的为人,萧瑀说:"是个自制力强、勤政励精之主。"唐太宗说:"公知其一,不知其二。隋文帝篡位得到天下,不敢信用大臣,乃至事必躬亲,却适得其反。因此,要想治理好这么大的国家,必须做到广任贤良,高居深视。"

"疑人不用，用人不疑"，这是中国古代选用人才的重要标准。但是，如何能够做到这点？君王自身应该具有非凡的洞察力，能够分辨清楚哪些是可疑之人，哪些是可用之人。与隋文帝相比，唐太宗显然在这个方面更优秀，因此，在他手下能够有一大批恪尽职守的谋臣辅佐。

在企业中也是如此，想要实现管理的最优化，必须要构建起和谐有机的系统，而不是领导者自己的独角戏，应该敢于授权、善于授权。

行动指南

现代领导者不仅个人应该具有出众的智慧和能力，更应该具有驾驭他人和整个团队的能力，要实现从个人奋斗的角色向统帅地位的转变，从个人能力的爆发向团队能力建设的转型。独断专行的领导，不仅是在堵塞整个团队的集体智慧，还在亲手制造职工对领导的不信任，损害职工的积极性，导致整个团队的能力无处施展。

星期三
变通和稳便

以天下之广，四海之众，千端万绪，须合变通，皆委百司商量，宰相筹画，于事稳便，方可奏行。

——《贞观政要·政体第二》

【译文】

天下这么大，国内人口这么多，每天发生的事情千头万绪，必须要不拘一法，灵活处理，凡事应交文武百官商议，宰相认真筹划，对于所要处理的事，能做到稳妥牢靠，才可以呈奏施行。

笔　记

贞观四年（630），唐太宗和臣下萧瑀谈论政治管理之道。在唐太宗看来，为

官者当注意"变通"和"稳便",这主要体现在两个方面:

一是"变通"。国家之大,人口之多,帝王需要处理的事情几乎是无限的,那么,如何做到以个人有限的精力去处理无限的事情呢?唐太宗提出了一个重要的方法就是"变通",就是针对客观发生的情况,灵活处理,充分发挥人的主观能动性,这样可以有效地化解外界的巨大压力。

二是"稳便"。"变通"处理天下大事往往导致原则背离的弊端,因此,在"变通"的同时,要保证"稳便"的效果,二者不可偏废。唐太宗在决策之前,先发动朝廷官员议论,集思广益,再经过宰相筹划,以此确保稳当牢靠,这样就可以避免因为发布不慎重而导致政策不稳当的情况。

此语既展示了唐太宗对群臣的信任,同时,也说明了他慎思慎行的治国之道,体现了唐代君主高超的管理智慧。

行动指南

广泛任用贤士良才,信任下级,发挥下级的优势和长处,通过"权力下放",充分调动众人的集体智慧,而不是一个人思考决断。

在授予下属灵活处理事务的权力之时,需要建立一种有效的约束机制,既确保权力下放又防止权力滥用,以此实现稳当的目的。

星期四
极言无隐

耳目股肱,寄于卿辈,既义均一体,宜协力同心。事有不安,可极言无隐。傥君臣相疑,不能备尽肝膈,实为国之大害也。

——《贞观政要·政体第二》

【译文】
　　我的耳目手足作用,就寄托在你们身上了,既然君臣之间的道义把我们联成一个整体,就应当同心协力。君王政事处理有不妥当之处,大臣就应该毫无隐瞒地说出。如果君臣之间互相怀疑,不能做到肝胆相照,实在是治国的大祸害啊。

笔　记

　　贞观五年(631),唐太宗和属下议论,治国与养病的道理相似,坦诚自己做事极其谨慎,而作为大臣只有做到极言无隐,才算是真正发挥了君王手足耳目的作用。

　　此段言论精妙之处在于:一是唐太宗对大臣的信任和依赖性以耳目手足来比喻,足以换取大臣对君王知遇之恩的感激,这是唐太宗能够充分笼络人才的一个高明手段。二是敢于承认君王自身的不足,希望通过臣下的进谏直言弥补君王个人能力的欠缺,这在客观上撕下了长期以来天子无所不能的神秘面纱。三是直言大臣只有做到"极言无隐",才算是尽到臣子的职责,这就大大解除了臣下进谏的后顾之忧,为自己听取宝贵的意见扫清了障碍。

　　优秀的领导不要把管理权力异化为一种独断专行,尤其是要避免阻断员工的言路,团队的发展需要依靠全体成员的智慧,而不是团队领导个人的能力。

行动指南

　　领导要让员工做到"极言无隐",就必须彻底消除职工疑虑,让职工认识到他们是领导的手足耳目,而不是唯命是从的下属。

星期五

临深履薄

　　自古失国之主,皆为居安忘危,处理忘乱,所以不能长久。今陛下富有四海,内外清晏,能留心治道,常临深履薄,国家历数,自然灵长。

——《贞观政要·政体第二》

【译文】
　　自古以来亡国之君,都是因为身处安定环境而忘记危险,在盛世而忘记了乱世,所以国家不能长治久安。如今皇上您拥有天下,内外清平,能够留心治国之道,常常如临深渊,如履薄冰,如果以这样的态度一直治理下去,国运自然会长久不衰。

笔 记

　　贞观六年(632)，唐太宗对身边大臣说，古代王朝之所以有兴衰，就好像大自然有早晨和晚上一样，关键在于君王能否听到臣下正确的意见。此言一出，魏徵对唐太宗能够在治国之道上采取如履薄冰的谨慎态度大加赞赏，并进而提出著名的"君，舟也；人，水也。水能载舟，亦能覆舟"的民本思想。

　　企业管理是对一家企业或组织在一定时期的全局的、长远的发展方向、目标、任务和政策，以及资源调配决策和管理艺术。因此，古人这种强调谨慎认真的态度对现代管理来说不无裨益。

行动指南

　　优秀的领导并不害怕困难和挑战，但是，仅仅凭借勇气和魄力盲目挑战而导致失败，则是逞匹夫之勇。"临深履薄"启示领导，在遇到重大问题时，应保持谨慎思考的态度，而不是畏首畏尾、退缩不前。

二月

内　省

第一周

大事起于小事

凡大事皆起于小事,小事不论,大事又将不可救,社稷倾危,莫不由此。

——《贞观政要·政体第二》

【译文】

但凡大事都是起于小事。小事如果不在乎,日积月累发展成大事,就来不及补救了。国家倾覆灭亡,无不是这个原因造成的。

笔 记

兼济天下是古代儒家的重要思想,其对于历代封建人士政治抱负影响甚深。"做大事、成大业"似乎已经成为古人高傲不凡的标志。

唐太宗从推翻庞大的隋朝到开创中国历史上最伟大的唐帝国,可谓完成了中国古代最伟大的事业。但是,他并没有因此自大,而是冷静地思考伟大事业来自小事的道理,这种思想显然已经不是简单的个人性格上的谨慎了,而是对事物转化的一种科学认识。

现代企业管理也是如此。正如苏宁电器董事长张近东说:"创业,其实就是想做事,想做实事,但不一定是什么惊天动地的事,而是把自己的事做好,一点一滴积累,到一定程度就是大事了。"

行动指南

管理要从细微处入手,绝不放过任何"小毛病""小漏洞"。

星期二

问道于哲人

今人颜貌同于目际,犹不自瞻,况是非在于无形,奚能自睹?何则饰其容者,皆解窥于明镜;修其德者,不知访于哲人。讵自庸愚,何迷之甚!

——《帝范·去谗第六》

【译文】

人的容颜相貌就长在眼睛的附近,无法自己审视自己,何况是非得失是一种无形的东西,怎么能够轻易觉察呢?人们在修饰打扮容颜的时候,都知道去照镜子;但在修养自己的德行的时候,就不懂得向明道的哲人请教。这是何等的愚蠢和迷惑啊!

笔　记

唐太宗这段话要从以下两个层面来理解:

第一,评判人的是非得失必须依赖客观的标准。人不借助镜子,就无法观看到自己的容貌;镜子好比一个标准,不借助于标准,人就无法判定自身言行的对和错。那么,照见人的是非得失的"镜子"是什么呢?答案是:正道,也就是规律和规范。

第二,问道需要向明道的哲人请教。人不可能自己知晓道,只有通过向已经明道的人请教,才可以逐渐掌握。这就是学习的重要性。现代社会日新月异,管理者要顺应潮流,树立终身学习的观念,才不会被市场所淘汰。

行动指南

始终保持谦虚的态度,多多向别人请教、学习。

星期三
剖断如流

时军国多事，剖断如流，深为时辈所服。

——《贞观政要·任贤第三》

【译文】

杜如晦对于当时军国大事，分析判断如同流水般明快敏捷，深为当时同辈所折服。

笔　记

唐太宗手下著名的两大宰相房玄龄和杜如晦，前者胸怀宽广，善于团结同僚，容易与人共事，并且注意发挥别人的长处。后者经房玄龄推荐当了宰相，善于决断，太宗凡有所谋划，都要等杜如晦前来定断。房玄龄称赞"非如晦莫能筹之"，"房谋杜断"遂成为历史佳话。

杜如晦的决断能力为唐太宗开创繁荣的政治、经济和文化局面发挥了重要的作用，但是，反思杜如晦的剖断如流，我们不难发现，杜如晦能够取得这样的成绩，首先应该归功于房玄龄对人才的发现和挖掘。如果房玄龄对杜如晦的能力有妒忌之心，这种"剖断如流"就有被扼杀的危险。可见，开创一个完全为公、毫不为己的领导层氛围是多么的重要。其次，杜如晦的决断能力是在唐太宗真心赞赏、完全信任的情况下才表现出来的。在这个意义上，我们完全可以说，是唐太宗对人才的赏识成就了杜如晦。

行动指南

"剖断如流"，在一定意义上就是一种拼搏和冒险精神，但是，这种冒险和拼搏不是"无知者无畏"，而是平时积累丰富知识的"胸有成竹"。因此，优秀的领导者应该在平时多注意学习知识，以备决断时候参考。

星期四
以人为镜

夫以铜为镜子,可以正衣冠;以古为镜,可以知兴替;以人为镜,可以明得失。朕常保此三镜,以防己过。

——《贞观政要·任贤第三》

【译文】

用铜来作镜子,可以帮我端正衣服和帽子;用历史来作镜子,可以让我知道朝代的兴亡交替;用进谏之人来作镜子,可以让我明白政治得失。我常常保存着三面镜子,用来防止自己的过失。

笔　记

自古君王身边均不乏忠臣谏官,但是,为何只有唐太宗成就了以魏徵为镜照见政治得失的佳话?

唐太宗之所以能够让魏徵这样的镜子真正发挥作用,在于对于魏徵等人提出的意见,他能够真正地采纳,而不是把谏官当作装点朝廷清明的摆设,这样,谏官们就可以充分地发挥镜子照君王对错是非的作用。

以魏徵为代表的"镜子"能够得到唐太宗的赏识,还在于镜子们自身具备应有的能力。试想,历代皇帝身边谏官无数,能够做到魏徵这样的又有几个?在这个意义上,好的谏官并不在于是否直言进谏,而在于进谏能够真正切中得失要害。那种貌似进谏、实为奉承的谏官,不仅无法起到镜子照见主人得失的作用,还蒙蔽了君王。唯其如此,唐太宗虽然对于魏徵等人的谏言颇感不快,但是,依然坚持听从,并深爱之。

行动指南

优秀的领导者不仅应该理性地认识到自身能力的"短板",需要用"镜子"照见这些"短板";同时,还需要把镜子的作用从消极地反映意见,提升到促进整个团队工作的积极层面上来,让"镜子"们不仅监督领导人,还监督整个企业的发展。

星期五

直言无隐

朕岂独有非于往时，而皆是于兹日？故亦庶僚苟顺，难触龙鳞者欤！所以虚己外求，披迷内省。言而不用，朕所甘心，用而不言，谁之责也？自斯已后，各悉乃诚，若有是非，直言无隐。

——《贞观政要·任贤第三》

【译文】
难道我只是在过去才有过错，今天做的都是正确的吗？显然是臣下对我奉迎顺从，不敢触犯皇帝权威罢了！因此我虚心地征求他人意见，用来排除假象，反省自己，即使是有的意见我并不采用，但是，我也愿意承担责任。如果我准备接纳谏言而你们臣下却不进谏，这个责任由谁来承担呢？从今以后，你们要竭尽忠诚，如果有不同的意见，请你们尽管直言进谏，不要有任何隐瞒。

笔 记

这是唐太宗在魏徵死后所说的一段肺腑之言。在唐太宗看来，魏徵之死不仅使得唐朝失去了一位智慧的谋臣，还在于从此缺少了一个敢于向皇帝直言进谏的忠臣。

历代皇帝皆擅长收买、笼络人心，唐太宗能够发动"玄武门之变"获得帝位，与手下有一大批忠心耿耿拥护其登基的谋臣将士有关。所以，唐太宗在魏徵死后表现得异常悲伤，其中不乏与封建帝王失去得力助手的功利性目的相关，更重要的是，在唐太宗眼中，魏徵是一位为国家利益而不惜牺牲个人，专门为公、毫不为己的正直人的化身。唯其如此，魏徵之死才让这位中国历史上伟大的帝王如此惋惜和哀伤。

唐太宗在魏徵死后提出"直言无隐"，与其说是对部下寄予的一种希望，不如说是对魏徵此前直言无隐的一种褒奖。

行动指南

"忠言逆耳利于行",优秀的领导并不在于是否知道这样的道理,而在于对待逆耳之言的态度。如果说能够听进去逆耳之言的领导,算是境界比较高的话,那么,能做到闻过则喜,更是对待直言无隐的最高境界。即使直言者所说的并非全部正确,也应该虚心听取。

直言无隐只能算得上坦诚正直,所言之语是否正确还需要领导进行理性分析和辨别。那种对所有意见都置若罔闻的领导固然不是好领导,但是,对职工提出的意见一概答应照办的领导更是糊涂虫。

第二周

闻而能改

自古人君莫不欲社稷永安,然而不得者,只为不闻己过,或闻而不能改故也。今朕有所失,卿能直言,朕复闻过能改,何虑社稷之不安乎?

——《贞观政要·任贤第三》

【译文】

自古以来,国君没有不想使国家长治久安的;之所以达不到这个目的,是由于国君听不到别人批评自己的过错,或者即使听到了,也不能改正。今天我有过失,你能直言指出,我也知过能改,这样哪里还要担心国家不能长治久安呢?

笔 记

"闻而能改"是唐太宗对手下忠臣王珪所说的一段话。王珪是太原祁县人。高祖武德年间,他出任太子中允,很受李建成的礼遇。后因李建成阴谋作乱被牵连,流放到巂州。李建成被诛杀后,太宗即位,将王珪召回,官拜谏议大夫。王珪竭尽忠心,多次进献良谋,直言规谏,于是唐太宗对他说了上面这段话。

"闻过能改"的深意并不在于知错就改、从谏如流,而是指一个人具有自知之明是何等的重要。对于一般人而言,当别人指责自己的缺点之时,心中能够坦然接受已经不易;对于身为一国之君的皇帝,面对意见的提出者是来自从叛乱集团中提拔任用的臣下之时,还能够做到从谏如流,更属难得。非常重要的一点是唐太宗对"尺有所短,寸有所长"具有深切的认识。否则,他既不可能真正改正,也不可能将提意见之人看做心腹。

唐太宗通过自己提拔的人才对自己加以监督,在部分人看来,是搬起石头砸自己的脚,而他却考虑到国家社稷会因为这批忠臣谏官而长久无忧,真正做到了古代帝王心胸开阔的极大境界。

现代企业领导无不希望职工给予他充分的尊重,为企业发展贡献所有的智慧,但是,这首先需要领导给予职工充分的尊重。"闻过"就是尊重职工智慧和能力的表现,"闻过能改"则是领导对职工能力充分信任的证明。

行动指南

倾听员工的意见不应带有任何狭隘的个人歧视色彩,尤其是对于从原来竞争对手阵营中加入进来的员工,更应该给予充分的尊重和肯定。

星期二
赏杀慎重

自古帝王多任情喜怒,喜则滥赏无功,怒则滥杀无罪。是以天下丧乱,莫不由此。

——《贞观政要·求谏第四》

【译文】
　　自古以来有很多帝王放任自己的喜怒哀乐,高兴的时候就滥赏没有功劳的人,发怒的时候就滥杀没有罪的人。社稷沦丧,战乱不断,无不因此而起。

笔记

古语有云:"伴君如伴虎。"君王的情绪波动往往牵连到臣子的命运。若是遇到恣意妄为、喜怒无常的君王,那上至朝廷下至百姓便永无安宁之日了。时而滥赏,时而滥罚,全凭自己的喜好怨恨行事,缺乏冷静和理性,导致天下大乱。唐太宗"夙夜未尝不以此为心",鼓励臣子尽情进谏,以此来监督自己,克制情绪,理性治国。

成功学大师安东尼·罗宾斯有一句名言:"成功的秘诀就在于懂得怎样控制痛苦与快乐这股力量,而不为这股力量所反制。如果你能做到这点,就能掌握住自己的人生;反之,你的人生就无法掌握。"成功的领导者善于将理性与感性完美地结合,既不乏理智的冷静,又不失感性的温情,从而得到员工的敬佩和忠诚,挖掘员工无限的潜力。

行动指南

喜怒无常是无能的表现,真正有魄力有威信的领导者并不苛责求全,乱发脾气,而是善于控制情绪,不以物喜,不以己悲。那么,怎样才能冷静而成熟地控制好情绪呢?

第一,一旦投入了工作就把一切烦恼抛之脑后,烦躁之时,停止工作,寻找其他发泄途径来转移情绪,比如散步、呼吸新鲜空气、运动等。

第二,怒火即将爆发之时,为了防止做出一些后悔的事情,应竭力冷静,平息怒火,忍一时风平浪静。

第三,坚守原则,公平公正,就事论事,对事不对人,不迁怒于无辜之人。

第四,广开言路,学会倾听。鼓励员工纳谏,监督自己的言行,完善自身,虚心诚恳地了解别人的想法。

星期三
内　省

朕每间居静坐,则自内省,恒恐上不称天心,下为百姓所怨。但思正人匡谏,欲令耳目外通,下无怨滞。

——《贞观政要·求谏第四》

【译文】

我每当闲居静坐,就开始内心自省。常常担心自己上不符天意,下被百姓埋怨。但求正直的人,能给我匡正规谏,使我耳聪目明,了解外界情况,使百姓的怨情一扫而空。

笔　记

这是贞观八年(634)太宗对身边的大臣们表白求谏心迹的一段话。主动求

谏堪称唐太宗用人之道的精华。贞观初年(627),唐太宗为了听取臣下意见以利
于治国,广开言路,鼓励臣下大力进谏,形成了唐代初期进谏直言蔚然成风的良
好局面,这也是"贞观之治"中最为引人注目的成绩之一。

唐太宗的求谏思想可以从如下两个方面加以理解:

一方面,唐太宗摆正了进谏者和纳谏者之间的心态关系。唐太宗常常内省
自己治国之道的不足,为弥补缺憾和过失,真诚地向臣下表露纳谏的决心,这对
于封建社会最高统治者而言,没有良好的心态是不可能保证求谏的实效性的。
因为这种内省并非简单地对自己行为的反思,而是勇敢地承认个人能力上的
欠缺、行为上的过错。

另一方面,唐太宗摆正了求谏与治国之间的利害关系。求谏的目的在于治
国,自古以来的帝王无不知求谏之重要,但是,帝王们往往因为顾及尊严而堵塞
谏言。其中一个重要的原因,就是没有从根本意识上摆正求谏与治国之间的利
害关系,否则,历史上会有几个帝王因为面子而放弃整个国家社稷呢?

行动指南

优秀的领导不仅需要倾听团队每一个成员的意见,更重要的是,对意见的倾
听不要以美化领导形象为目的,而要出于对个人能力"短板"的内省。否则,领导
的求谏要么沦落为一种形式主义,要么员工提出的都是不痛不痒、毫无价值的
意见。

星期四
不以为忤

每有谏者,纵不合朕心,朕亦不以为忤。若即嗔责,岂肯更言。

——《贞观政要·求谏第四》

【译文】
　　每当有前来进谏的大臣,即使提出的意见不符合我意,我也不认为这是对
我的忤逆。如果我当即对他呵责怪罪,怎么还会有人敢再谏言呢?

笔 记

和颜悦色,以求谏言。这是唐太宗求谏的宝贵经验。

面对谏言,即使切中皇帝要害,也很难做到和颜悦色,这是古来帝王求谏中常见的现象。而唐太宗在求谏上之所以能够为中国古代政治管理留下最灿烂的一笔,不仅在于其做到了和颜悦色地面对正确的意见,更在于其即使面对不正确的意见,也表现出虚心接受的一面。这不仅是唐太宗个人道德修养高尚的体现,更是他真正从心底里意识到了"人无完人"的表现。既然身为帝国之君都存在能力短缺,那么,谏言的大臣又怎么可能保证提出的每一点意见都是正确的呢?

从现代管理的角度来看,唐太宗对待谏言的和颜悦色,并不是纵容不合理的建议,而是考虑到批评其中不合理意见会引发言路堵塞的严重后果。这和今天许多管理者一听到别人提意见就大为不悦,甚至背后打击报复有天壤之别。

行动指南

优秀的领导面对敢于走进办公室提意见的员工,永远保持微笑的面孔,认真倾听,这是对员工人格的尊重,也是让员工真正说出心里话的基础。

星期五
自 知

自知者明,信为难矣。如属文之士,伎巧之徒,皆自谓己长,他人不及。若名工文匠,商略诋诃,芜词拙迹,于是乃见。

——《贞观政要·求谏第四》

【译文】

自知之明,实在是很难做到啊。例如写文章的文士、从事技艺的工匠,都夸耀自己的本领高超,其他人不如自己。如果让著名的文士或工匠,议论评价他们的文章和制品,那么他们文章的冗词病句、制品的拙劣缺陷,就会被一一发现。

笔　记

贞观十六年(642),唐太宗对房玄龄谈起人应有自知之明的道理,对于唐太宗所说的这段话,我们可以作如下理解:

一是诚如太宗所说,自知者明说起来容易,做起来难。难在何处呢?太宗以属文之士、技巧之徒各自夸耀自己文采和技术高超为例,指出他们一旦到了水平更高之人的面前,其拙劣不足之处将随处可见。由此可知,自知者明很难做到的关键在于,是否从心底里意识到"人外有人、天外有天"。但是,天下之人往往目高自大,总喜欢炫耀自己比别人强,其实,实在是井底之蛙,目光短浅。

二是既然自知者明难以做到,那么就需要有更多的人来提醒得意忘形者。普通人如此,帝王同样如此。当国家繁荣,天下太平之时,帝王们往往以为自己开创了前人未有的功业,这时候,就特别需要正直勇敢的臣下来提醒帝王,以尽量避免人性中的缺陷,把帝王有可能因为盲目自大所犯的错误扼杀在萌芽中。在这个意义上,人能否做到自知之明,既与个人的道德修养相关,还与身边是否有"名工文匠"的点拨提醒不可分割。

"人非圣贤,孰能无过。"领导与普通员工的区别在于职位高低的不同,并不代表他们不会犯错误。因此,优秀的领导固然应该对自己的能力保持自信,但是,同时应该保有自知之明。

行动指南

好的领导可以成就一个好的团队,而一群好的员工同样也可以成就一个好的领导。自知之明,需有好的朋友、员工、同事的鼎力支持;否则,不仅无法做到有自知之明,还会变得更狂妄和更无知。

第三周

谏　渐

雕琢害农事，纂组伤女工，首创奢淫，危亡之渐。漆器不已，必金为之，金器不已，必玉为之。所以诤臣必谏其渐。及其满盈，无所复谏。

——《贞观政要·求谏第四》

【译文】

　　从事雕琢工作就会妨碍农业生产，纺织带有图案的布，就会加重妇女们的劳动。一旦形成奢侈淫逸的风气，就是国家危亡的开始。有了漆器不满足，必然要用黄金来做。金器还不满足，必然要用玉石来做。所以，敢于进谏的臣子们，一定要在事情刚有征兆的时候就加以劝谏，如果等到过失满盈的时候再去劝谏，就来不及了。

笔　记

　　贞观十七年（643），唐太宗问谏议大夫褚遂良："以前虞舜制造漆器，大禹雕刻祭器，当时进谏的就有十多个人。制造酒食器皿这样的小事情，为什么会有那么多人苦苦劝谏呢？"于是，褚遂良就给唐太宗讲述了上面的谏官从小事进谏，实为防止更大的危害发生的深刻道理，这让唐太宗非常钦佩折服，从此，更加重视谏官们对小事进谏的意义。

　　褚遂良的话从表面上看，是封建臣子为了维护王权统治而对主子的效忠，但是，在深层上，我们不难发现，任何事物都处于此消彼长的相互关联状态之中，对农业生产的破坏并非一定直接针对农业生产本身，诸如雕刻这样的手工业的发达，就直接影响到从事农业人口的数量和规模，最终将导致农业生产受到影响。

　　谏官的责任在于进谏，但是，进谏的目的并不是要等到大的危机已经出现，才出面阻止帝王,而是要以敏锐的洞察力,看到目前的小问题必然引发更重大的危机,通过对不起眼小事情的劝谏,实现防大患于未然的目的。

行动指南

优秀的管理者应该目光长远,能够敏感地捕捉到当前信息背后必然引发的其他结果,提前做好充分的准备和应对。

星期二

善善能用,恶恶能去

臣闻于《管子》曰:齐桓公之郭国,问其父老曰:"郭何故亡?"父老曰:"以其善善而恶恶也。"桓公曰:"若子之言,乃贤君也,何至于亡?"父老曰:"不然,郭君善善而不能用,恶恶而不能去,所以亡也。"

——《贞观政要·纳谏第五》

【译文】

我曾经见《管子》上说:齐桓公到郭国去,问那里的百姓:"郭国为什么会灭亡啊?"那里的百姓回答说:"因为国君喜好善而讨厌恶。"桓公说:"如果照你们的说法,他应该是一位贤明的国君,为什么还会亡国呢?"百姓回答说:"不是。郭国的国君喜好善,但是不能运用善,讨厌恶,而不能去除恶。所以亡国。"

笔　记

贞观初年(627),唐太宗曾与黄门侍郎王珪在一次宴会上谈话。当时,有个美女在太宗身旁侍候。她本是庐江王李瑗的爱姬。李瑗败亡后,她被收入皇宫。太宗指着她对王珪说:庐江王实在荒淫无道,杀害了她的丈夫,还将她占为己有。王珪就对唐太宗讲述了上述故事,指出,现在这个美人还侍奉在陛下左右,陛下如果认为庐江王是错的,那就是知恶而不能去恶。暗示唐太宗把这个美女留在身边的行为,只能算是知道恶而不能去除身上的恶罢了。

王珪的"善善能用,恶恶能去"说明,一个人仅仅知道是非善恶,还是远远不够的,因为这只能算是情感层面上的认识,真正做到善,必须在行动上实现去除恶、效仿善的跨越。

现代管理无不强调"善善能用,恶恶能去",但是,真正落实起来往往效果甚微,其中一个重要的原因就在于,没有从根本上理解其意义。不要把学习善、去除恶仅仅停留在知道的层面,应该身体力行、付诸实践。否则,只能算是"五十步笑百步"罢了。

行动指南

优秀的领导更应该注重通过自身的行动为员工作出表率,不管领导口头上对是非对错的判断如何正确,只要没付出行动,与被指责的错误并没有本质的区别。

星期三
勿初恶今袭

陛下初平东都之始,层楼广殿,皆令撤毁,天下翕然,同心倾仰。岂有初则恶其侈靡,今乃袭其雕丽? 其不可二也。

——《贞观政要·纳谏第五》

【译文】

陛下当初平定东都洛阳时,高楼大厦全部下令拆毁,天下欢呼,同心敬仰陛下。哪里有当初讨厌洛阳宫殿的奢靡,今天又去承袭它的华丽呢? 这是陛下不可以修建洛阳宫殿的第二个理由。

笔 记

贞观四年(630),唐太宗下诏征发民夫修建洛阳乾元殿,准备作为巡游视察的行宫。给事中张玄素上书规谏不可兴建,并给出三个理由,上述是他向唐太宗陈述的第二个理由。

历代帝王登基之后,都要大兴土木,一方面是满足自身奢华安逸的需求,另一方面则是显示皇家显赫的声势。唐太宗在洛阳修建宫殿,还有一个客观原因是作为巡游视察的行宫使用。但是,如果从勤俭节约的生活作风以及对天下百姓生活的影响而言,唐太宗的此举应该被阻止。

"勿初恶今袭"无疑在提醒现代管理者,创业时期能够轻易认识到的极其简单的问题,往往在事业有成之后,成了很难解决的大问题。问题本身并没有变化,但是,领导的心态发生了变化,问题的性质也随之而变。

行动指南

始终保持清醒理性,不要被眼前的胜利冲昏了头脑。

星期四
不求自至

魏文帝求市西域大珠,苏则曰:"若陛下惠及四海,则不求自至,求而得之,不足贵也。"

——《贞观政要·纳谏第五》

【译文】
魏文帝打算买西域的大珍珠,苏则劝谏说:"如果陛下恩惠遍及四海,这些东西不用追求,自然会到来。能买得到的东西,就不足以珍贵了。"

笔 记

贞观十五年(641),唐太宗派遣使者到西域封立叶护可汗,使者还没有回来,唐太宗又派人带大量金帛到西域各国去买马。魏徵就向唐太宗讲述当年魏文帝到西域购买珠宝的典故,以此劝谏唐太宗效仿文帝的崇高德行,从苏则的正直言论中吸取教训。于是，唐太宗深受震动，立即下令停止买马。

魏徵谏议大有深意：其一，"不求自至"具有深刻的中国道家哲学内涵。看起来是一种"无为"之举，但是，通过树立君王的崇高形象，实现其他国家自动臣服的目的，这就是所谓的"无为无不为"的哲理，与古人用兵"不战而屈人之兵"的道理极其相似。这就提醒唐太宗应该加强内在修养，实现以内治外的目的。其二，"不求自至"并非是消极的等待，而是积极创造各种实现"自至"的条件和因素。帝王最需要做的就是让恩惠遍及天下。如果不能让天下百姓、周边国家感到唐帝国的恩惠，那么，所谓的"不求自至"又如何实现呢？

行动指南

通过人格魅力的塑造、公司信誉的经营、团队凝聚力的打造等，实现商业贸易战中对竞争对手的吸附力。那么，这样的公司不仅可以赚取相应的利润，还可以获得更好的口碑。

星期五
勿对面穷诘

顷有人上书，辞理不称者，或对面穷诘，无不惭退。恐非奖进言者。上曰："此言是也，当为卿改之。"

——《贞观政要·纳谏第五》

【译文】
不久前，有人上书进谏，言辞和道理有不符合陛下心意的，您就当面责问，追根究底，使他们个个感到羞愧退缩。这恐怕不是鼓励进谏的办法。唐太宗说："这话说得很正确，我一定会为你提出的意见改正。"

笔记

贞观十八年（644），唐太宗对手下重臣长孙无忌等人说：臣子对待帝王，一般都是顺从旨意而不敢忤逆,喜欢用甜言蜜语来讨取帝王的欢心。我今日要求你们逐一说出我的过失,任何人不得对我隐瞒。当时黄门侍郎刘洎回答说,陛下艰苦创业,功业伟大确实超过了自古以来的任何人,但是,前不久您对进谏者当面穷诘的方法,也许不恰当。太宗闻此言,当即表示以后将改正。

帝王们对待进谏者常常"对面穷诘",一方面和帝王自身道德修养相关,另一方面,也在于进谏者的道理常有不通,甚至有错误之处,这本来并不算什么大事情。皇上当面斥责大臣的事情并不少见。但是,这在客观上会产生严重的影响,即直接挫伤谏言者的积极性,以及对帝王的信任感,导致之后无人再敢进谏。

唐太宗虽然创下了中国古代帝王历史中的宏大政绩,但是,他并非圣人,当然不可避免地会犯这样的错误。但其可贵之处在于,勇敢地承认自己在纳谏中犯下的错误,并且当着群臣保证以后改正。对于今天太多过于爱面子的管理者而言,足以令其羞愧。

行动指南

不要过于看重一时口舌之争的胜利。

第四周

星期一
染以成性

太子幼在朕膝前，每见朕心说谏者，因染以成性，故有今日之谏。

——《贞观政要·纳谏第五》

【译文】

太子年幼时候在我的面前，常常见到我听到进谏心情很愉悦的样子，因此也养成喜欢纳谏的习性，所以才会有今天的进谏。

笔 记

唐太宗对待纳谏的坦诚态度，不仅表现在鼓励进谏、虚心听取谏言，还表现在把纳谏之风灌输给自己的子女，希望他们能够秉承他虚心纳谏的风范，以此确保大唐天下政治清明、经济繁荣。虽然其中夹杂着浓厚的封建政权世代相袭的思想，但是，如果放在当时特定的历史背景下，无论从一个政治家对继承人政治能力的培养，还是从一个普通的父亲对儿子道德修养的垂范的角度来说，唐太宗如此做法显然都很正确并有益。

行动指南

"染以成性"可以塑造整个团队的精神风貌。领导层之间的钩心斗角、不思进取，会让所有员工如陷染缸；相反，团结进取的领导层可以促进整个团队形成富有战斗力的团队精神。

星期二
当忧其所忧，乐其所乐

陛下为人父母，抚爱百姓，当忧其所忧，乐其所乐。自古有道之主，以百姓之心为心，故君处台榭，则欲民有栋宇之安；食膏粱，则欲民无饥寒之患；顾嫔御，则欲民有室家之欢。此人主之常道也。

——《贞观政要·纳谏第五》

【译文】

陛下是天下百姓的父母，爱抚百姓，应当为百姓的担忧而担忧，为百姓的欢乐而欢乐。自古以来，有道的君主都是以百姓的心为己心。所以国君住在华丽的楼台馆阁，就要想到让百姓也有房屋可以安身；国君吃到好米鱼肉，就要想到让天下百姓也没有饥寒的忧虑；国君挑选妃嫔宫女，就要想到让老百姓也有娶妻成家的欢乐。这是国君应该具备的基本道德。

笔　记

贞观二年（628），隋通事舍人郑仁基有个女儿，容貌出众，姿色超凡。文德皇后请求唐太宗纳她为妃嫔。于是太宗便聘她为充华。诏书已经写好，册封的使者尚未出发。魏徵听说这名女子已经许配给陆家，就赶忙进宫向太宗进谏说：郑氏的女儿已许配人家，陛下再聘娶她，如果传到社会上，国君就有违百姓父母之道。太宗听说后立即亲手写了一封诏书回答魏徵，深深自责，并立即停派册封使，并下令将该女子送还给她原来的丈夫。

唐太宗以天下父母的道德规范克制自己欲望的做法，现在想来，真的并非一般人所能做到的。当然，唐太宗心系百姓有着维护自己政权稳定长久的因素，但是，在古代哪个帝王不知道天下乃自己"祖传之物"呢？但是，又有几个能够把天下治理好的？所以，当我们今天重读唐太宗在魏徵的进谏下做到的"忧其所忧，乐其所乐"，仍能心生钦佩。

行动指南

关心职工利益，为职工创造尽可能多的财富，这是优秀领导者必须承担起来的责任。乐其所乐可能比忧其所忧更难做到,优秀的领导者并不仅仅满足于解决职工物质待遇,还应分享职工的快乐,真正融入整个团队,打造团队整体和谐的精神。

星期三
切勿二三其德

臣窃闻之,天之将辅者仁,天之所助者信。今陛下初膺大宝,亿兆观德,始发大号,便有二言,生八表之疑心,失四时之大信。纵国家有倒悬之急,犹必不可,况以太山之安,而辄行此事!

——《贞观政要·纳谏第五》

【译文】
臣私下听说这样的话,上天辅佐的是仁慈的人,百姓帮助的是守信义的人。现在陛下刚刚继承帝位,亿万百姓都在观望你的德行,才发出庄重的圣旨就改变,这会使得全国上下产生疑心,认为陛下像春夏秋冬失去秩序那样不守信义。纵使国家有亟须解决的问题,也一定不能这样做,何况凭着泰山一般安稳的局面而随便作出这样的事情!

笔 记

贞观三年(629),唐太宗下发诏书:关中免除两年租税,关东免除一年赋税徭役。享受到福利的百姓都载歌载舞,相互庆祝。可是不久又有文书说:已经抽调服役的壮丁仍旧遣送服役,已经缴纳的租税,仍需要缴纳完毕。百姓都感到很失望。于是魏徵上书谏言,请求唐太宗不要频繁变动诏令,让百姓们认为国家追悔前言、反复无常。

管理者制定和执行决策,必须坚持善始善终的原则,除非万不得已,不要轻易变更正式宣布的决策。这样做有两个方面的原因:一是管理者是权威的象征,如果随意变更决策,必将丧失信用和权威,很难对下属实施有效统御。二是随意变更决策会给下属的执行工作带来非常多的困难,下属的工作必须围绕组织目标(决策)开展,行动一旦脱离目标,就不可能取得成果。如果随意变动目标,下属的工作就根本无法开展。

行动指南

管理者制定重大决策时,一定要邀请所有组织管理人员参与,充分听取他们的意见,争取获得大部分人的认同。而决策一旦制定,就要贯彻到底,绝不轻易变动。

星期四
小益大损

为陛下为此计者,于财利小益,于德义大损。臣诚智识浅短,窃为陛下惜之。伏愿少览臣言,详择利益。

——《贞观政要·纳谏第五》

【译文】
　　替陛下想出这种办法的人,在财利上有一些好处,在德义上却大大有损。我的确智慧浅薄、才识短缺,但私自为陛下惋惜。但愿陛下稍微浏览一下我的奏章,仔细选择有益的事去做。

笔　记

这段话也是魏徵针对唐太宗改变诏令的谏言。魏徵认为,改变诏令继续抽调壮丁、缴纳租税,虽然可以在短期内获取财利,但从长远考虑,这种行为将带来很大的损失。魏徵在这段话中提出了一个非常值得管理者们思考的课题:什么是组织价值观?现实社会中不乏这样一群人:他们唯利是图,做事以利益为导向,只要利益足够驱动他们,就可以不顾惜其他。主导人们行为的是个人价值观,主导组织行为的则是组织价值观。一个人在错误价值观引导下,极有可能做出危害社会的事情,而一个组织在错误价值观的引导下做出错误的行为,其破坏性要比个人行为更大。

错误的组织价值观绝不可能造就基业长青的企业。万科集团董事长王石评价松下幸之助说:"胡雪岩做到了红顶商人,买卖够大吧,但在他本人的一生中,就走完了由盛到衰的全过程;而松下幸之助去世了,松下公司照样发展。"为什么呢?因为松下幸之助是以"基业长青"为他的经营理念,他认为,企业的终极目的是造福人类,而赢利只是实现这个目标的手段和保证。这种观念演化成松下电器公司的价值观,才成就了它的卓越和伟大。

行动指南

管理者必须树立正确的价值观,不要因为眼前的小利而损害德义。

星期五
勿竭泽取鱼

臣闻竭泽取鱼,非不得鱼,明年无鱼;焚林而畋,非不获兽,明年无兽。若次男已上尽点入军,租赋杂徭,将何取给?

——《贞观政要·纳谏第五》

【译文】

我听说放干池塘的水捕鱼,并非抓不到鱼,而是明年就没有鱼了;焚烧整个树林来打猎,不是抓不到野兽,而是明年就没有野兽了。如果次男以上的男子都被征召入伍参军,那么租赋杂役要靠什么人来供给承担呢?

笔 记

贞观三年(629),右仆射封德彝等人,把年满十八岁以上未成壮丁的中男征召入伍,遭到魏徵强烈反对。太宗很生气,并下令:即使尚未满十八岁,只要身体健壮的,也可征召。魏徵坚决不在敕令上签字,并且对唐太宗讲述了上述一段不竭泽而渔的管理思想，终于说服太宗，不仅撤销了政令，还赏赐了魏徵大量财物。

魏徵劝诫唐太宗的观点，放在今天来看，就是坚持可持续发展的道路，不要只图眼前一点利益，应该从长远角度着眼，多考虑子孙后代的生存问题。

行动指南

培育市场，让市场保持一定的再生产财富的能力。

三月

同心同德

第一周

不可姑息小人

权万纪、李仁发并是小人,不识大体,以谮毁为是,告讦为直,凡所弹射,皆非有罪。陛下掩其所短,收其一切,乃聘其奸计,附上罔下,多行无礼,以取强直之名。

——《贞观政要·纳谏第五》

【译文】

权万纪、李仁发都是小人,不识大体,以诬陷中伤别人为正确,以告发攻击他人为正直,凡是被他们指责的,都没有罪过。陛下掩盖这两个人的短处,接受他们的所有坏话,他们就放肆地施行奸计,攀附君主,欺压臣下,行事大多违背礼法,以此来盗取刚强正直的美名。

笔 记

贞观五年(631),唐太宗多次接见权万纪、李仁发两人,这两个人以告密攻击陷害别人来牟取名利。得到唐太宗的接见之后,他们更加肆无忌惮,欺君罔上,指斥他人。朝廷的官员们虽然不能自安,但迫于他们的淫威,竟然没有人向唐太宗提出意见。只有魏徵向太宗提出意见,这段话就是他的谏言。

魏徵指出,姑息纵容小人,会导致两方面的严重后果:第一,小人的阴谋轻易得逞,必然助长他们为恶的火焰,使得他们更加有恃无恐,做出更多、更具危害性的行为;第二,小人得道得志,会在心理上给正直的人极大的打击,他们要么同流合污,要么明哲保身,要么辞官隐退。总之,提擢小人,就不要指望再得到忠良贤能之人的辅佐。

行动指南

管理者应当对员工之间的批评和指责进行全面、详细、准确的了解,将真相调查清楚,然后再判断孰是孰非,切不可轻信一面之词,姑息小人,打压君子。

星期二

君臣同心同德

臣闻君臣同契,义皆一体。未闻不存公道,惟事形迹。

——《贞观政要·纳谏第五》

【译文】

臣听说,君王与臣子意气相合,道义上都是一个整体。没有听说过不心存公道,只注意言行举止的。

笔　记

贞观六年(632),有人告发魏徵,说他偏袒亲戚。唐太宗派人调查此事,得知是告发的人不公正。虽说魏徵并没有徇私偏袒,但唐太宗认为他也有可以责备的地方,于是就让人转告他说:"你不能不检点自己的言行举止。"魏徵认为"此言大不是",就说了这段话回应唐太宗。

魏徵这段话的意思是,衡量臣子是否尽忠的标准是:臣子是不是与君王同心同德,而不是言行举止。因为言行举止是表面的,而且言行举止所传达的内心的意愿,是需要在具体环境中才能判断出来的。言行举止可以是虚伪的、造作的,甚至是为了达成目的刻意假装的。所以,言行举止肯定不能作为判断臣子是否尽忠的标准。魏徵认为,臣子与君王同心同德,才算得上忠良。

所谓同心,指臣子想君王所想,急君王所急,设身处地为君王着想,替君王非忧解难。所谓同德,指臣子心存公道,无论何时何地,无论做什么事,都遵循公道,绝不会弄虚作假、"当面一套背面一套"。

行动指南

管理者对待下属的评估,应当严格遵守事先设定的考核标准,这一考核标准必须得到普遍认同。千万不能根据部属的言行举止,随意对他们定性,进行奖惩。

星期三

良臣和忠臣

良臣使身获美名,君受显号,子孙传世,福禄无疆。忠臣身受诛夷,君陷大恶,家国并丧,空有其名。

——《贞观政要·纳谏第五》

【译文】
　　良臣能使自身获得美名,使君王享有崇高的称号,子孙一代一代地相传,荣华富贵就无止境。忠臣使自身受诛灭,陷君王于极大的恶名,家与国都遭到损失,而他独享有忠臣之名。

笔 记

　　贞观六年(632),魏徵对唐太宗说:"希望陛下使我成为一个良臣,不要让我成为一个忠臣。"唐太宗诧异地问道:"良臣和忠臣有什么不同的地方吗?"于是魏徵就说了上面的话,解释了两者之间的区别。概括而言,良臣就是君臣互相成全,共同走向尊荣;而忠臣却要牺牲自己的生命来成就他的美誉。臣子是良臣还是忠臣,与他所辅佐的君主是否圣明关系非常大。圣明的君主成就良臣,昏聩的君主造就忠臣。

　　管理者自身的品德、素养、能力等直接影响着下属的功绩。德鲁克说:"管理者的成功来自于下属的成功。"卓有成效的管理者帮助下属提升能力、成就更好的功业;而不称职的管理者不仅无法促进下属的成长,而且会阻碍他们发挥自身的才能。

行动指南

　　管理者要为下属创造充分发挥才能的平台,而不要成为他们成长的绊脚石。

星期四

不可操之过急

有人十年长患疼痛，不能任持，疗理且愈，皮骨仅存，便欲负一石米，日行百里，必不可得。

——《贞观政要·纳谏第五》

【译文】

有一个人，十年间长期患病，不能忍受坚持，经过治疗疾病刚愈，只剩下皮子包着骨头，就想背一石米，一天行走一百里路，一定办不到。

笔 记

贞观六年（632），唐太宗平定了匈奴，四方的异族不远万里前来朝贡，国家风调雨顺、五谷丰登，群臣都称颂唐太宗的功德，请求他举行祭告天地的大典。唐太宗自己也有些按捺不住。然而，魏徵却认为不妥，太宗问他原因，他就借用一个大病初愈的人打比方，意在说明，国家虽然呈现出安定祥和的景象，但还不足以承担举行大典所消耗的费用。因为经过隋朝十多年的祸乱，国家经济元气大伤，尽管经过唐太宗的治理，解除了百姓的疾苦，稍稍殷实起来，但还远远没有到达可以铺张浪费的地步。

企业度过生存危机之后，不用再为生存发愁，管理者便很容易产生铺张浪费的恶习；讲求排场，不再仔细核算成本；决定做一件事情的时候，不再慎重考虑它的必要性；危机感逐渐丧失，盲目追求扩张，组织的运营成本不断攀升。这些都为下一场危机埋下了伏笔。

行动指南

量力而行是管理者在经营过程中必须谨遵的原则。不要贪图虚荣，为了排场而肆意浪费，也不要被一时的胜利冲昏头脑，在自身能力有限的情况下盲目扩张。

星期五
坏事不能开先例

此源一开,万端争起,后必悔之,将无所及。

——《贞观政要·纳谏第五》

【译文】
　　这个先例一开,各种事端就会纷纷起来,以后一定后悔,那将没有办法来改变了。

笔 记

　　这段话是魏徵劝谏唐太宗所说的。很多人心里其实并不是不明白是非对错,那为什么他们还会做出坏事呢?因为他们存有侥幸心理,认为偶尔纵容自己,做一点错事也无伤大雅,甚至姑息纵容下属的错误。当然,身为管理者,应当以宽容的心包容下属的错误——这听起来好像自相矛盾,既不能姑息纵容下属,又要宽容大度,两者岂能兼而有之?

　　其实,管理者应当仔细分析下属的错误的性质,有区别地加以对待。具体而言,错误可以分为两种:第一种是主观性错误,就是知法犯法;第二种是客观性错误,就是在实际工作中,因为能力、知识、见解的不足,不可避免地产生的错误。对待前者,管理者应当以公正、严厉的态度,毫不留情地给予惩罚;对于后者,则应当谅解和包容。

行动指南

　　坚持原则,坚决不为坏事开先河,不要存有侥幸心理,认为一两次小错不会带来恶劣的影响。一旦有了先例,就很可能造成争相效仿、难以遏止的情况。

第二周

备豫不虞

备豫不虞,为国常道。岂可以水未横流,便欲自毁堤防?

——《贞观政要·纳谏第五》

【译文】
　　做好防范措施,以防不测,这是治国永恒之道。怎么能够在河水还未泛滥的时候,就先自己毁坏了堤防呢?

笔　记

　　据资料记载,贞观七年(633),薛仁方将杨誉拘留审问,杨誉的儿子向皇帝报告说:"父亲是皇亲国戚,薛仁方是故意不肯决断。"太宗听后当即下令打薛仁方一百棍杖。此事被魏徵知道后,进谏说:"世家贵戚自古就很难管理。薛仁方既然为国家执法,就不应该对他随便施加刑罚,皇上这样做实际上是外戚挟私报复,以后会引发更多的麻烦。"唐太宗听后,承认先前没有仔细考虑,并下令免予解职处分。

　　这里有两个特别值得注意的地方:其一是治国之常道在于"备豫不虞",用今天的话说就是未雨绸缪。其二是"水未横流,便欲自毁堤防"。这句精妙之处并非在于提醒我们非要等到水横流了才可以自毁堤防,而是说,即使水已经横流,都不应该掉以轻心,防范应该永远保留。防患于未然,还是领导管理能力的拓展和延伸,优秀的领导并不一定非要在谈判桌上,还包括一切影响企业发展的领域阵地上。

行动指南

　　优秀的领导应该在市场风平浪静之时,仍然在思想上保持理性和警惕,在行动上做好积极的防范措施。

星期二

君臣之道

玄龄既任大臣,即陛下股肱耳目,有所营造,何容不知? 责其访问官司,臣所不解。且所为有利害,役工有多少,陛下所为若是,当助陛下成之;所为不是,虽营造,当奏陛下罢之。此乃君使臣、臣事君之道。

——《贞观政要·纳谏第五》

【译文】

房玄龄既然担任大臣,就是陛下的手腿与耳目,建造房屋,为何不许知道?责备他们询问主管部门,我不理解。况且修建房屋,是有利还是有害,动用多少人工,陛下所做的事如果是好事,应该协助陛下完成它;所做的不对,虽然已经开工,也应当奏请陛下停下来。这就是国君使用臣子、臣子侍奉国君的原则。

笔 记

贞观八年(634),房玄龄、高士廉在路上遇到掌管皇室建筑的负责人,便询问道:"宫城近来又在建造什么?"该负责人向唐太宗禀报了这件事,于是太宗就对房玄龄说:"你只管做好分内的事就行了,我建造一点房屋,干你什么事?"房玄龄便拜谢太宗并表示歉意。魏徵闻知这件事后,觉得很不理解,于是就向太宗谏言。

魏徵认为,臣子是国君的手足耳目,国君要做的事,对的臣子就应当倾尽全力协助他完成,错的就应当冒死劝阻他——这是君臣之间最基本的原则。然而,这件事中,房玄龄过问太宗所做的事,根本没有过错,太宗却责备他;房玄龄知道自己没有过错,却盲目地向太宗道歉请罪,这就是魏徵深感不理解的原因。领导者与下属之间,关于工作上的事情,是没有什么好隐瞒的。

行动指南

管理者如果觉得有些事情不能让下属知道或参与,那么,就应该认真思考这些事情的性质,是出于保密的需要,还是因为这些事情根本就是不正确或不光彩的事情?

星期三

好善要笃

审其清者,无所存问,疑其浊者,旁责举人,虽云疾恶不疑,是亦好善不笃。

——《贞观政要·纳谏第五》

【译文】

　　明知是为官清廉的人,却没有任何慰问的话;怀疑为官贪污的人,连带处罚推荐者,虽然说憎恨坏人无可置疑,其实这也是喜欢好人不深厚。

笔　记

　　贞观八年(634),唐太宗得知原桂州都督李弘节死后,他的家里出卖珠宝。太宗大感惊讶,因为李弘节生前素有清廉慎守的好名声,于是他向朝廷文武百官宣布说:"这个人平时的所作所为,连当朝宰相都说他清廉,没想到死后竟然家里出卖珠宝,推荐他的人难道没有罪过吗?我一定要严加处理,不能姑息放过!"魏徵不赞同太宗的话,便找准机会向他进谏。

　　魏徵认为,李弘节生前为国立功,受到过太宗的赏赐,但是他去世之后,却没有人同情和帮助他的家人,家里人迫于生计变卖珠宝,并不算罪过。魏徵还提到屈突通、张道源两个人,他们生前为国家尽忠,自始至终都是清廉守节,然而,他们的后人却没有得到合理的待遇,竟然连基本的生存都得不到保障。

　　憎恨坏人是毋庸置疑的事情,然而,不珍惜、不善待好人,也是非常大的罪过。因为惩恶扬善是一项并举的活动,只惩罚坏人却不表扬好人,也很难达到良好的效果。管理者通过奖励做得好的人,可以树立正面的榜样,让组织内的所有人都知道什么是值得学习和效仿的,要让他们直截了当地看到"善有善报"。

行动指南

奖励做得好的人，让他们得到善待，管理者应将这一原则作为组织激励的常态。

星期四

数战数胜而先亡

昔魏文侯问李克，诸侯谁先亡？克曰："吴先亡。"文侯曰："何故？"克曰："数战数胜。数胜则主骄，数战则民疲。不亡何待？"

——《贞观政要·纳谏第五》

> 【译文】
> 过去魏文侯问李克，诸侯中谁先灭亡？李克回答："吴国先亡。"魏文侯说："什么原因？"李克说："吴国几战几胜。几次胜利之后，君主必然骄傲，几次战争之后，百姓必然疲乏困苦，不灭亡还等待什么？"

笔记

这段话是魏徵的谏言，他借用战国时期魏文侯与李克之间的对话，来劝谏李世民不可骄傲自大，更不可劳民。

管理者面对成绩，很容易丧失应有的冷静和理智。他们认为自己已经探索出成功的模式，只要复制模式，扩大规模，就可以取得更大的成功。于是，借助资本的杠杆，获得迅速膨胀。殊不知，组织架构、管理模式、组织文化等的滞后，成为严重制约和阻碍组织成长的因素。现代商业社会中，因为错误地评估自身能力而盲目求大求强，最终导致自身消亡的企业不胜枚举。

行动指南

管理最重要的事情永远是做基础，只有将基础夯实，组织才会具有强劲的竞争力，才会厚积薄发，获得展翅腾飞的力量。要做到这一点，必须在骄人的成绩面前保持清醒和理智。

星期五

戒奢从俭

夫君者,俭以养性,静以修身。俭则人不劳,静则下不扰。

——《帝范·诫盈第七》

【译文】

　　做国君的,应该以俭约质朴之道涵养自己的品性,应该用淡泊静远之方修炼自己的德行,之所以如此,是因为俭约可以使人民不至于困顿疲惫,静远可以使百姓不至于进退失据。

笔 记

　　唐太宗看到秦始皇、汉武帝无事生非,穷兵黩武,劳师袭远,给国家和百姓带来了巨大的灾难。原因正是他们的野心恶性膨胀,从而破坏了俭约和静远的原则。因此,唐太宗特别强调俭约和静远。

　　所谓俭约、静远,不是要求管理者居陋室、穿布衣、食无肉、出无车。管理者提倡俭约、静远,是减少不必要的浪费,杜绝那些不利于身心健康的娱乐和享受,这样不仅有利于降低组织运营成本,而且对管理者自身的道德修养具有非常重要的意义。管理者如果过度追求高屋广厦、珠玉珍玩、奇木异石、衮衮华服……就会渐渐丢弃美好的道德修养,做出玩物丧志的丑事,陷入乱性败德的池沼不能自拔。一旦到达这种地步,就会无心于经营事业,最终的衰败也就在所难免。

行动指南

　　制定措施在组织内减少不必要的浪费,杜绝损害身心健康的享受。

第三周

同治乱,共安危

君臣本同治乱,共安危,若主纳忠谏,臣进直言,斯故君臣合契,古来所重。若君自贤,臣不匡正,欲不危亡,不可得也。君失其国,臣亦不能独全其家。

——《贞观政要·君臣鉴戒第六》

【译文】

君臣之间本应共同治理混乱,一起享安福,一起担当危险。如果国君能够接纳臣下的忠告直谏,臣下也敢于直言不讳,这样君臣之间和睦默契,自古来都是受到推崇的。如果国君自以为贤能,臣下也不去进谏规劝,想让国家不危亡就不可能了。君王失去了国家,那么臣下也无法单独保全个人的家庭。

笔 记

这是在贞观三年(629),唐太宗对身边的大臣们所说的治乱安危、君臣与共的治国之道。其意义可以概括为如下几个方面:

一是"同治乱"。君臣之间虽然政治地位悬殊,但是在唐太宗看来,都需要共同面对同一个难题:治乱。君王是国家的最高领导者,臣子是辅助君王的肱骨耳目,二者谁都离不开谁。在古代等级森严的背景下,唐太宗此话可谓用心良苦。因为想保住李氏江山,仅仅靠他孤家寡人是绝对不行的,还需要笼络一大批贤能之士,为其出谋划策。

二是"共安危"。"鸟尽弓藏,兔死狗烹",范蠡帮助勾践灭掉吴国,韩信帮助刘邦完成灭楚兴汉霸业,但是,以勾践、刘邦为代表的统治者,均可以共患难,却不愿意有福同享。于是,在中国历史上便不断上演"共危不共安"的丑剧。但是,相比之下,唐太宗远比勾践、刘邦等人心胸更开阔,眼光更长远。他重用谏官,就是在行动上与臣下有福同享的证明。

三是"君失其国,臣亦不能独全其家"。国家与个人家庭唇齿相依:一旦集体不在,那么,小家也必将不保。

今天,企业领导者无不要求员工同舟共济,但是,员工们往往"人在曹营心在汉",原因何在? 需要领导者多反思自己是否真正褪去了勾践、刘邦之流的恶性。

行动指南

优秀的领导既要在团队内部形成有效的激励机制,同时,又能够培养员工"厂兴我荣,厂衰我亡"的依存意识,倡导公司管理人人有责的集体治理理念,让整个团队在存亡观念上成为"铁板一块"。

星期二
须相匡谏,不避诛戮

非是炀帝无道,臣下亦不尽心,须相匡谏,不避诛戮,岂得惟行诌佞,苟求悦誉。君臣如此,何能不败? 朕赖公等共相辅佐,遂令图圄空虚,愿公等善始克终,恒如今日。

——《贞观政要·君臣鉴戒第六》

【译文】

不仅隋炀帝无道,他的臣子也不尽心办事,臣子一定要匡正规谏,不怕诛杀,怎能专干诌媚奉承,苟且讨得国君的欢心与称赞的事呢? 君臣全这样,哪能不失败? 我仰仗你们共同辅佐,从而使监狱空虚,希望你们善始善终,常像今天一样。

笔 记

隋炀帝在位时,曾发生过一桩盗窃案。隋炀帝下令追捕罪犯,下面的官员只要怀疑谁像贼就将其抓起来严加拷打,很多人因为难以忍受酷刑而含冤承认自己是贼,最后竟然达到两千多人。隋炀帝下令将这两千多人在同一天斩首,负责行刑的官吏虽然明明知道很多人根本就不是贼,但因为隋炀帝已经下令,就不再上奏实情,导致两千人全部被杀。唐太宗听说这件事之后,很受震惊,于是他对自己的臣子们说了上面的话。

要在组织内避免这样严重的错误发生,管理者必须鼓励下属多提意见。作为下属,也要具有冒死劝谏的勇气,这样才能真正起到辅佐作用。

行动指南

管理者不仅要热心欢迎下属的劝谏、虚心采纳合理的建议,更要有意识地引导和鼓励下属敢于劝谏。

星期三
勿忘其身

臣闻鲁哀公谓孔子曰:"有人好忘者,移宅乃忘其妻。"孔子曰:"又有好忘甚于此者,丘见桀、纣之君乃忘其身。"

——《贞观政要·君臣鉴戒第六》

【译文】

我听说过这样一件事,鲁哀公对孔子说:"有一个健忘的人,搬家的时候把他的老婆给忘记了。"孔子说:"还有比这个人更健忘的呢! 我看夏桀、商纣这一类国君,把自己的身子也给忘了。"

笔 记

古语云:"前事不忘,后事之师。"唐太宗对此深有体会,他曾对身边的大臣说,颜回、闵子骞等人虽然是普通平民,但是,如果有人把哪一个帝王比作此二人,帝王也会引以为荣。这是帝王应该感到羞惭的。所以他常常以这件事为借鉴,唯恐身为帝王的自己,在德行上赶不上颜、闵而被人耻笑。魏徵听后则说了上述的故事,以此劝谏唐太宗应该牢记自己身为天下人父母的责任。

魏徵为唐太宗讲述的勿忘其身,包含着深刻的治国之道:一是帝王应该担负起安抚百姓的责任,而不是一味地享受至上的权威,一旦忘记责任和义务,那么,帝王的权威就只能是葬送国家的导火索。二是帝王不应忘记自身创业时期的艰苦,不能因为眼前的安乐稳定就忘记了身在何处,要居安思危。这对于"贞观之治"初期已经有了骄傲情绪的唐太宗来说,无疑具有直接的现实警示意义。

行动指南

领导者在享受光环和荣耀的时候,不要忘记自己身负整个团队生存的重任;在获得成绩的时候,不要忘记最初创业的艰苦和志向,要坚持最初的宏大理想,不能安于现状,不思进取。

星期四
不忘创业艰难

臣观古来帝王拨乱创业,必自戒慎,采刍荛之议,从忠谠之言。天下既安,则恣情肆欲,甘乐谄谀,恶闻正谏。

——《贞观政要·君臣鉴戒第六》

【译文】
我看自古以来的帝王,他们在拨乱创业的时候,必定很谨慎,随时警戒自己,善于采纳平民百姓的意见,听从忠诚正直的建议。天下已经安定,他们就恣意放纵欲望,喜欢听谄谀阿谀的奉承话,厌恶刚正的规谏。

笔 记

春秋五霸之一的齐桓公曾与他的臣子管仲、鲍叔牙、甯戚在一起饮酒,鲍叔牙举起酒杯对齐桓公说:"但愿君王不要忘记当年出奔在莒国的情景,管仲不要忘记在鲁国被捆绑时的状况,甯戚不要忘记喂牛于车下时的境遇。"鲍叔牙是在提醒齐桓公、管仲和甯戚，希望他们在人生得意的时候，不要忘记过去的艰辛，避免产生骄傲、纵逸、自满等不良的思想。

经营之神松下幸之助从不认为有所谓的"守业"，因为在他看来，经营事业是一项永无止境的追求，根本就没有可以停下奋斗的脚步来守成的时候。世上万物，只有不断成长发展，才可能不被淘汰。管理理论中有一个概念——"成熟的陷阱"，是指组织历经艰难，从一个弱不禁风的儿童长大成为一个具有很强生存能力的青壮年，但是，当组织不用再为生存担忧的时候，却很容易陷入成长的瓶颈。为什么？因为组织成熟之后，无论是管理者还是普通成员，都容易满足现有成就，丧失斗志，不思进取，变得越来越平庸。

行动指南

始终以创业时的激情不断冲刺新的目标。

星期五
整体意识

臣闻君为元首，臣作股肱，齐契同心，合而成体。体或不备，未有成人。然则首虽尊极，必资手足以成体，君虽明哲，必藉股肱以致治。……委弃股肱，独任胸臆，具体成理，非所闻也。

——《贞观政要·君臣鉴戒第六》

【译文】

我听说国君是人的首脑，臣子便是人的四肢，首脑与四肢协调同心，就形成一个完整的身体。作为一个整体，倘若有的器官不具备，就不会成为一个完整的人。那么，首脑虽处于至尊重要的地位，必须借助四肢才能成为整体，国君虽然明察通晓，一定要借助臣子的辅佐才能达到治理好国家的目的。……丢弃四肢，单单使用心胸，使整个国家达到治理，不是我听说过的。

笔 记

这段话是魏徵给唐太宗的上疏。《礼记》云："人以君为心,君以人为体,心主则体舒,心肃则容敬。"意思是,百姓把国君作为自己的心胸,国君把百姓视为自己的躯体,内心端庄躯体就舒坦,内心严肃面容就恭敬。君臣是不可分割的整体,君王失去臣子,就像失去手足一样无法动弹,更不可能有所作为;臣子失去君主,就像失去主脑和心胸一样变得散乱无序,成为一群乌合之众,行动不可能整齐协调,也不可能有效地组织在一起。

如何实现管理者与下属成为一个联系紧密的整体呢?沃尔玛公司的创始人山姆·沃尔顿的做法值得借鉴。他的关于事业成功的十大法则非常著名,这十大法则是:忠实于你的事业;与同仁建立合伙关系;激励你的同仁;凡事与同仁沟通;感激同仁对公司的贡献;成功要大力庆祝,失败亦保持乐观;倾听同仁的意见;超越顾客的期望;控制成本低于竞争对手;逆流而上,放弃传统观念。

行动指南

第一,与下属建立利益共享的合作机制。管理者应当突破传统的雇佣与被雇佣的合作关系,通过股份共享、红利均沾等机制,让下属享受到切实的利益。

第二,随时随地保持与下属的沟通,重大决策不要妄自决断,虚心地与下属沟通交流。

第三,真心感激下属对组织的贡献,通过各种各样的方式和途径让下属知道你的感激之情。

星期一
以水投石

夫君臣相遇,自古为难。以石投水,千载一合,以水投石,无时不有。

——《贞观政要·君臣鉴戒第六》

【译文】
　　君臣之间实现默契,自古以来就是难事。这就好似把石头投进水中,让石头顺从流水,千年才能偶尔遇见一次;而如果让流水顺从石头,则时时刻刻都在发生。

笔 记

　　"以石投水"是魏徵上书唐太宗所讲述的深刻的为人处世之道:
　　一是"君臣相遇,自古为难"。魏徵此言揭开了帝王与君臣之间等级森严的封建壁垒关系。虽然相对于普通老百姓而言,他们同属于一个阵营,但是,由于君臣之间有着一条在封建社会根本无法逾越的鸿沟,所以自古以来,君臣之间真正能够实现默契关系的,确实太少,这实际上从反面说出了能够实现君臣默契是如何重要。
　　二是"以石投水"。魏徵用了这个非常形象的比喻,指出君臣之间关系的融洽,仅仅靠大臣围在皇帝屁股后面是远远不够的。因此,皇帝更需要放下架子,摆正心态,主动接受臣子们的进谏,做到从谏如流,这样就可以避免臣子一厢情愿最后却毫无结果的被动局面。
　　三是"以水投石"。魏徵此话暗示唐太宗能够顺应民众乃社稷之本,同时也包括臣子们应该树立为国分忧的意识,敢于向帝王进谏,这样君臣之间就可以形成水流顺着石头的默契局面。

四是"以石投水"与"以水投石"的巨大反差,还包含着如何发掘人才、培养人才的先进理念,暗示帝王们采取不同的审视眼光,对于人才的判断就有着天壤之别。

现代企业无不强调整个团队和谐友好,但在现实中,一些企业内部员工的关系往往乌烟瘴气,虽然领导也努力改善,然而效果却往往不佳。如果能够充分借鉴上述"以石投水"与"以水投石"的理念,应该可以获得更大的启发。

行动指南

除了工作上必须接触外,管理者在闲暇之时,在不影响对方工作的前提下,尽可能多找员工聊天谈心,以此了解员工的背景如何。同时,指导年轻的员工,发展其健全的职业观以及人生观,形成领导和员工之间融洽默契的和谐关系。

星期二
礼遇下属

其能开至公之道,申天下之用,内尽心膂,外竭股肱,和若盐梅,固同金石者,非惟高位厚秩,在于礼之而已。

——《贞观政要·君臣鉴戒第六》

【译文】

那些能倡导最公正的道义,表明天下人才均可任用,内部竭尽心胸脊骨的力量,外部竭尽四肢的能力,协调得像汤里的盐与梅,团结得像金石一样坚固的朝代,不是靠赐给臣子的高官厚禄,而在于以礼相待罢了。

笔 记

周朝时期,微子是商纣的庶兄,却效忠于周武王,还接受了他的封土;箕子原本是商纣的臣子,却向周武王陈述《洪范》,教给他治国的秘诀。孔子不仅没有责备他们不尽忠守节,反而称他们是仁人。这是为什么?因为商纣残酷无道,而周武王却能礼遇他们。

很多管理者认为,只要为下属提供足够诱惑的薪水和职位,就可以吸引和挽留人才。他们认为,组织为员工提供薪水,员工就理应无条件地听从组织的调遣和命令。他们以"衣食父母"的身份自居,对待下属蛮横无理、颐指气使、耳提面命——这种野蛮的管理方式,不可能赢得下属的尊重和信服,也不可能调动他们的积极性和主动性。一旦其他组织为他们提供相同的待遇,他们就会毫不眷恋地选择离开。

行动指南

礼遇下属不仅仅要尊重下属,还要设身处地为下属利益着想。利益分配要合理,让下属切实获得利益,这样他们才愿意追随你;除此之外,更要帮助下属实现自我价值。

星期三
退人以礼

古之君子,进人以礼,退人以礼,故有旧君反服之礼也。今之君子,进人若将加诸膝,退人若将坠诸渊,毋为戎首,不亦善乎?又何反服之礼之有?

——《贞观政要·君臣鉴戒第六》

【译文】

古代有德行的君主,任用人能按照礼节,斥退人也能按照礼节,所以有被斥退的臣子回来为旧时的国君服丧。现在的君主,任用人时像把他抱在膝上,斥退人时又像把人坠入深渊。那些被斥退的人不做攻打本国的谋主已经很好了,哪里还有返回本国为旧君服丧的?

笔 记

魏徵的这段话,值得每一位管理者警醒和深思。请设想一下,组织中每年会有多少员工流失？如果这些员工离开的时候，都是满腹的不满和怨恨，那么，如何指望他们不传播组织的负面信息呢？

无论是什么性质的组织，辞退组织中的成员都是一件非常困难的事，需要管理者运用高超的艺术。但是，不管因为什么，运用什么方法，都必须做到真诚。组织辞退一部分成员，是因为这些成员不符合组织发展的需要，并不意味着这些成员本身不优秀。管理者必须用真诚的态度让被辞退者明白这一点。

行动指南

管理者在辞退成员的时候，千万不可表现出"将坠诸渊"的态度，而要真诚地解释原因，以求理解。

星期四
功在平时

言而见用，终身无难，臣何死焉？谏而见纳，终身不亡，臣何送焉？若言不见用，有难而死，是妄死也；谏不见纳，出亡而送，是诈忠也。

——《贞观政要·君臣鉴戒第六》

【译文】

臣子进言而被采用，终生没有灾难，臣子怎么去死呢？臣子规谏而被国君采纳，终生不会逃亡，臣子又怎么会给他送行呢？如果臣子进言不被采用，国君有难而去为他死，这是枉死；臣子规谏不被国君采纳，国君出逃又去相送，这是假忠。

笔 记

春秋时期，齐景公问晏子："忠臣是怎样侍奉国君的？"晏子回答说："国君有灾难不为他去死，国君出国逃亡不为他送行。"齐景公听到这样的回答感到非常惊讶，说："国君分割土地封赐给臣子，分出官爵授予臣子，臣子怎么能这么对待他呢？这怎么会是忠臣的所为？"于是，晏子就说了上面的话。

魏徵引用这个故事来劝谏唐太宗。晏子的话说得非常精辟，臣子在国君遭遇危难的时候，表现出慷慨无畏、誓死效忠的样子。其实，这些都已经没有任何意义了，既然是真心效忠，为什么不在平时兢兢业业，做好辅佐工作呢？

管理工作的成功不在于轰轰烈烈地解决危机，而是要在日常琐事中精益求精。因为日常小事做好了，根本就不会出现大问题；而且，处理日常小事比处理危机更安全、稳妥，一样可以发挥才智。

行动指南

兢兢业业做好日常琐事。

星期五
视下属如手足

孟子曰："君之视臣如手足，则臣视君如腹心；君之视臣如犬马，则臣视君如国人；君之视臣如土芥，则臣视君如寇仇。"虽臣之事君无有二志，至于去就之节，尚缘恩施厚薄，然则为人上者，安可以无礼于上哉！

——《贞观政要·君臣鉴戒第六》

【译文】
　　孟子说："国君把臣子看作自己的手足，臣子就把国君看作自己的心腹；国君把臣子看作犬马，臣子就把国君看作普通人；国君把臣子看作粪土，臣子就把国君看作仇敌。"虽然臣子侍奉国君没有二心，至于离开还是留下的原则，应当依据受恩德多少而定，那么，作为百姓之主的国君，怎么可以对自己的臣民无礼呢！

笔 记

有一个故事：两个旅行者来到一个村子，路过村口的时候，他们分别向守在村口的长老询问："这个村子的人是友好还是不友好?"长老反问他们："你认为他们是友好还是不友好?"第一个人说："应该是友好的。"于是长老就回答他："这个村子的人是友好的。"第二个人说："我认为他们不友好。"于是长老就回答他："这个村子的人不友好。"结果,离开这个村子的时候,第一个人非常愉快地向长老道别,并夸赞这个村子的人说："他们真是友好啊!"第二个人满腹抱怨,阴沉着脸对长老说："再也不来这个村子了,他们果然一点也不友好。"

为什么同样的村民,第一个人认为他们友好,而第二个人认为他们不友好呢? 原因不在于村民,而在于他们自己。记住:你如何对待别人,别人就如何对待你!

管理者期望下属如何对待自己,那么,首先自己就要用这样的标准来对待下属。从来没见过管理者将下属当做"犬马"、"粪土"对待,却得到下属尊重和拥护的!

行动指南

像对待自己的手足一样,真诚地对待下属。

赏罚不可轻行

信　任

任之虽重，信之未笃。信之不笃，则人或自疑。人或自疑，则心怀苟且。心怀苟且，则节义不立。节义不立，则名教不兴。名教不兴，而可与固太平之基，保七百之祚，未之有也。

——《贞观政要·君臣鉴戒第六》

【译文】

委任他们的职务虽然重，对他们的信任却不深。信任他们不深，就使人有时产生疑虑。人生疑虑，就会抱着得过且过的态度。内心有得过且过的想法，就不会树立臣子的节操义行。节操义行不树立，那么名教也不会兴起。名教不能兴起，而能够与他们一起巩固太平基业，保持七百年的王位，是没有这种事情的。

笔　记

如果管理者让下属承担百分之百的责任，那么，必须给予他百分之百的权力和信任。也就是说，给予下属的权责必须对称。很多管理者不信任下属，不敢授权过多，却将重任委托给他们。下属肩负着重任，但是，当他调用组织资源的时候，却由于权力太小，根本不起效用。要么是组织成员不配合，要么是资金不充足，要么是硬件设施不到位……工作难以推进，根本不可能取得预期的成果。

唐太宗对魏徵的信任堪称历史上君臣之间相互信任的典范。玄武门之变后，有人向唐太宗告发魏徵曾经在太子李建成手下效力，并劝太子杀唐太宗。唐太宗听后把魏徵找来责问，魏徵平静地说，如果太子李建成早听他的话，事情也不至于今天这样。太宗听后认为他非常正直坦诚，就当着群臣之面说：这已经是过去的事情了，以后就不要再提了。不仅赦免了他的罪，而且加以重用。此后，魏徵直言劝谏唐太宗成为历史上的一段佳话。

行动指南

管理者在确定责任的时候，必须配以相应的权限，并且要充分信任下属，不要过多干涉和过问，管理者要做的就是考核关键点（阶段性成果）和最终成果。

星期二
去除爱憎之心

闻国家重惜功臣，不念旧恶，方之前圣，一无所间。然但宽于大事，急于小罪，临时责怒，未免爱憎之心，不可以为政。

——《贞观政要·君臣鉴戒第六》

【译文】

国家器重爱惜有功的臣子，不追究旧时的罪过，比之于前朝的圣君，没有一点差别。然而只宽恕大事，对小罪就严厉，遇到不顺心的事情就谴责发怒，不去掉偏爱与憎恨的心，是不可能用来治国的。

笔 记

国君是人不是神，有血有肉有感情，做事待人难免沾染上个人感情。心情愉悦的时候，即使见到不顺眼的人，也对他和颜悦色；心情糟糕的时候，看到什么都觉得碍眼。这是管理工作的极大忌讳。管理者必须努力去除个人感情，对待他人要做到客观公正。只有这样，才能尽可能地避免因为主观印象而错误地看待下属的情况。

"物以类聚，人以群分"，管理者如果仅仅凭借主观的感情判断来对待下属，就会导致最终留在自己身边的人都与自己有着相同的志向、兴趣、做事风格、性格类型等。但是，作为一个组织，却需要各种类型和风格的人，这样才能实现多元组合、优势互补,发挥出整体效益。管理者以主观感情待人,会无意中扼杀组织的多元性。

行动指南

管理者应当关注下属对组织的价值贡献,而不要任凭个人感情左右你对下属的看法和对待他们的方式。

星期三
勿上启其源

君严其禁,臣或犯之,况上启其源,下必有甚,川壅而溃,其伤必多,欲使凡百黎元,何所措其手足!此则君开一源,下生百端之变,无不乱者也。

——《贞观政要·君臣鉴戒第六》

【译文】
国君严厉地推行法令,臣子中还有人触犯它,何况上边开了违法的头,下边一定更加放肆。河床壅塞而河堤崩溃,它伤害的人一定很多,将要使天下百姓到哪里安身?! 这就是指国君开了一个头,下边就生出百种不测的变化,国家没有不乱的。

笔 记

所谓上行下效,指身在高位的人喜欢什么,追随他的人就会模仿和推崇什么。榜样的作用不可小觑。榜样有正负之分,负面的榜样对组织的危害非常大。很多管理者针对下属制定严格要求,只要发现僭越规定的行为就给予惩罚,但是自己却不能完全地遵照要求。事实上,他们只是将制度当做维护自身利益的工具,不能遵循制度面前人人平等的原则。这种做法会严重损伤下属与组织之间的关系,下属不可能心悦诚服地遵守规定,"当面一套、背后一套"情况的出现在所难免。

行动指南

管理者要求员工做到的,自己必须首先做到;不希望员工做的,自己必须坚决杜绝。

星期四

爱而知其恶

若憎而不知其善,则为善者必惧。爱而不知其恶,则为恶者实繁。

——《贞观政要·君臣鉴戒第六》

【译文】

如果因为憎恶一个人,就抹杀了他的所有优点,那么做善事的人一定会感到恐惧不安;如果因为喜爱一个人就包庇他的所有错误,那么做坏事的人就会越来越多。

笔 记

《礼记》云:"爱而知其恶,憎而知其善。"意思是,自己喜爱的人,要知道他们的缺点和不足;自己憎恨的人,要知道他们的优点和长处。此话说起来简单,做起来难。喜欢和憎恶属于一个人情感上的问题,当这种情感到达一定程度的时候,一个人的理性和克制往往会被冲毁。

魏徵上书唐太宗引用《礼记》中的话,目的在于规劝唐太宗在任用之道上注意以下几点:

其一,从情感上喜欢或者憎恨一个人并没有过错,但是,当喜欢或憎恨一个人的时候,必须保证客观而公正地看待这个人,对这个人有全面的认识。不能因为喜欢而否认他的缺点,也不能因为憎恨而否认他的优点。

其二,如果没有理性的参与,只凭情感的喜好,那么,在我们的眼中,每个人都将被简单化为好人或坏人。所谓的好人将是完美无缺之人,坏人则是从里坏到外的恶棍。这无疑是对人性复杂的扭曲和误解。

其三，如果爱而不知其恶，恶而不知其善，那么，后果不仅在于对人看法的扭曲，还将导致恶人越来越多，善人越来越少。

行动指南

不可否认，任何领导都有可能遇到让人不喜欢的刺头员工。优秀的领导可以在情感上疏远他们，绝不应在工作上打击排斥他们，应当让这些人充分发挥他们的能力。

星期五
委大臣以大体

夫委大臣以大体，责小臣以小事，为国之常也，为治之道也。……职非其位，罚非其辜，欲其无私，求其尽力，不亦难乎？

——《贞观政要·君臣鉴戒第六》

【译文】

委派大臣负责国家大事，让小臣去办那些具体的小事情。这是治国的常理，是处理政务的正确方法。……如此职责与职位不相符，而惩罚也非其罪。想让他们没有私心，竭诚尽力，岂不是很难吗？

笔记

自古以来，帝王用人之道备受瞩目，在魏徵给唐太宗的建议中，有几点是值得今人好好学习的：

一是"委大臣以大体"。魏徵给唐太宗的建议中，就提出了人才能力上的区分差异问题。正如韩信善于将兵，刘邦善于将将一样，帝王只有区分臣下的能力，让那些擅长做大事的人承担重大任务，才可以做到人尽其才，更有利于国家的发展。

二是"责小臣以小事"。细枝末节的小事情,对于那些做大事的人而言,不仅算不上小事,反而会成为无法逾越的鸿沟。唐太宗在用人上固然有一套相当科学而合理的策略,但是,魏徵把人才选用的标准细化到如此程度,对于当下企业用人也仍然具有指导意义。

三是"职非其位,罚非其辜"。对一个人没有完成任务加以惩罚,从表面上看,这种惩罚没有过错。但是,由于被惩罚者职位是由皇帝早先任命的,因此,不仅应该追究皇帝用人不察的责任,还应该为被惩罚者鸣冤叫屈,因为他们被任用到不当的地方,本身就是无辜的。

行动指南

在任用人的时候应该先区分清楚任用对象在能力专长方面的差异,要因才使用,既不能大材小用,也不能小材大用。

在责罚员工没有完成任务之前,要先反省一下,自己对于员工任职问题是否存在错误,如果是因为自己用人不当,再去责罚他们,就是错上加错了。

第二周

积德、累仁、丰功、厚利

朕克己为政,仰企前烈。至于积德、累仁、丰功、厚利,四者常以为称首,朕皆庶几自勉。

——《贞观政要·君臣鉴戒第六》

【译文】

我约束自己,一心一意地治理国家,仰慕前代雄才大略的君主,盼望赶上他们。积累美德、增加仁义、建立伟业、为民谋利这四件事,我常认为是首要的事,我都希望用来勉励自己。

笔 记

贞观十六年(642),唐太宗询问魏徵:"人苦于不能察觉自己的过失,不知我的所作所为,优劣如何?"魏徵认为,唐太宗在积德、累仁、丰功、厚利四个方面都能兼顾到,所以才能将天下治理得很好。

管理组织与治理国家异曲同工。具体到组织管理层面而言,"积德"指制定更合理的管理制度,构建更符合人性与发展需要的组织文化等;"累仁"指提升组织成员的素质与能力,同时提升自我涵养,礼遇组织成员;"丰功"指为组织开拓新的发展空间;"厚利"指帮助组织成员增加收益,增加组织的赢利能力。这四个方面涉及组织运营的各个层面,管理者要实现组织的有序、高效运营,必须从这四个方面着手,和谐、均衡发展,不可过分倚重一面而忽略其他方面。

这段话中唐太宗还给现代管理者一个启示:"克己为政,仰企前烈。"人都有七情六欲,都贪图安逸享乐,要是不加以克制,任其肆意发展,就会导致腐败。另一方面,标杆和榜样的作用不可小觑,管理者要学会给自己树立正面的榜样,用来激励和督促自己。

行动指南

充分理解积德、累仁、丰功、厚利四个方面，并促使它们均衡发展。

星期二
提供锻炼机会

幼主生长深宫。少居富贵，未尝识人间情伪，理国安危，所以为政多乱。

——《贞观政要·君臣鉴戒第六》

> **【译文】**
> 　　幼主生长在深宫之中，从小就享受荣华富贵，不了解人世间人情真伪，不懂得治理国家的安危，所以执政后多发生祸乱。

笔 记

　　贞观十七年（643），唐太宗问大臣们："自古以来，开创基业的君主，传位到子孙时，多发生祸乱，这是什么原因？"上述的话就是房玄龄针对这一问题的回答。

　　综观历史，不难发现，首创基业的君主之所以能够克己为政、施行仁义，是因为他们经历过战乱，了解天下百姓对君主的要求，顺应民意；深深知道现有的基业来之不易，常怀忧患意识。而他们的子子孙孙，自幼养尊处优，对开创基业的艰难没有感性认知，仅仅靠前人的讲解和教诲，起不到真正有效的作用。

　　管理者要想提升员工素养和技能，必须为他们提供练习和锻炼的机会。尤其是对于公司管理层，必须让他们经常深入基层，了解基层员工的诉求。

行动指南

鼓励和要求管理层深入基层，深入现场。

星期三

善少亦足

若得其善者，虽少亦足矣；其不善者，纵多亦奚为？古人亦以官不得其才，比于画地作饼，不可食也。《诗》曰："谋夫孔多，是用不就。"

——《贞观政要·择官第七》

【译文】

如果任用的是贤才，即使人少也足够；如果所任用的不是贤能之人，人再多又有什么用呢？古人也把没有选到贤才做官，比作在地上画饼，不能充饥。

笔 记

如何选择、任用官吏，这是摆在每个帝王面前的大事。唐太宗曾对宰相房玄龄说，官吏担当的是管理天下百姓的重要职责，如果选拔任用不得当，不仅无法履行其职责，还会祸国殃民。那么，如何选拔和使用人才呢？唐太宗对此有自己一套独特的想法。

一是德才兼备。唐太宗特意为宰相留出时间访求贤才，对于那些品德高尚、才能突出的人士，经过宰相推荐后，唐太宗就会委以重任。由此使唐朝初期大批人才集中到太宗手下，"贞观之治"的繁盛局面遂顺理成章得以实现。

二是精兵简政。唐太宗对官员的选拔任用并非是简单的多多益善，而是追求"人不在多而在精"。为此，唐太宗精简全国的官员人数，据资料统计，当时全国文武官员仅为 640 人。官员人数的精简，既减少了国家俸禄开支，大大减轻了国家财政负担；更重要的是，不合格的官员被斥退，贤能的人被任用到需要的职位上，大大提高了办事效率，扭转了窝工扯皮等不良官场作风。这也是贞观年间天下大治的一个重要原因。

行动指南

优秀的领导不仅要善于笼络、选拔人才，更要任用得当。

星期四
定位清晰

公为仆射，当助朕忧劳，广开耳目，求访贤哲。比闻公等听受辞讼，日有数百。此则读符牒不暇，安能助朕求贤哉？

——《贞观政要·择官第七》

【译文】

你们身为仆射，应当为我分忧，协助我操劳国事，要耳听得远，眼看得宽，寻求察访贤明有智慧的人。近来听说你们听取和接受诉讼的状子，一天之内竟达到数百件。这就是阅读公文已经没有空闲，哪里还能帮助我寻求贤士呢？

笔 记

这段话是唐玄宗在贞观二年（628）对房玄龄、杜如晦说的。唐太宗认为他们没有做自己应该做的，于是下了一道诏令，要求只有重大的案件才能上奏给房玄龄和杜如晦，其他细碎的事务则交由相关部门去处理。

唐太宗的这个做法值得管理者借鉴。在唐太宗看来，房玄龄、杜如晦这样的贤人，应当将主要精力用在辅佐君王、为君王求贤纳士的工作上，因为这些事情相比于听取和审理诉讼的事情更有价值。身在什么职位，就应当做与该职位相符合的事情。

很多新任管理者不能有效地转化角色，仍旧将自己定位成业务能手或技术专家等，不能将工作重心转移到带领团队取得成功的事务上，结果成为一名失败的管理者。

行动指南

管理者应当准确定位，不要超越自己的职责范围去干涉下属的正常工作。

星期五

悉景行，获善人

比见吏部择人，惟取其言词刀笔，不悉其景行。数年之后，恶迹始彰，虽加刑
戮，而百姓已受其弊。如何可获善人？

——《贞观政要·择官第七》

【译文】
近来发现吏部选拔任用官员，只看他们的言语辞令和文章，而不全面地考察他们的品德行为。几年之后，有些人的劣行恶迹开始暴露出来。即使对他们严厉惩罚，甚至诛杀，但是，老百姓已经深受这些不称职官员所害。如何才能挑选出德才兼备的人才呢？

笔 记

贞观初年（627），唐太宗对负责选拔任用官员的吏部尚书杜如晦谈及人才选拔之道，指出当下朝廷在这方面存在的问题，要求杜如晦在选择官吏上，能够更全面地考察每一个官员，以免误国误民。

唐太宗对选拔官吏弊端的认识，可谓明察秋毫：

一是官员才能评定的标准有漏洞。长期以来，"学而优则仕"的思想严重制约着政府的选才观念。在科举制度下，文章水平的优劣、语言辞令的高低，成为衡量一个人才能的最根本标准。这样的标准无疑具有很大的片面性，严重混淆政治管理和文学才能之间的界限。这是没有"悉景行，获善人"的第一个表现。

二是官员任用监督体制不健全。在唐太宗看来，有些官员最初的表现确实非常优秀，但是，他们把自身的缺点完全隐藏起来，在蒙蔽了选拔官吏、如愿获得升迁之后，其恶劣本性才得以暴露出来，由此给人民带来极大的危害。因此，缺乏长期有效的监督官吏的保障制度，导致许多被任用的官吏如同一颗颗"定时炸弹"，这是没有"悉景行，获善人"的第二个表现。

行动指南

　　公司领导在选拔任用人才之时，不仅要察其言，还要观其行，不要被夸夸其谈蒙蔽。对待刚刚被任命的干部，以及新招收的职员，公司领导应该保持足够的耐心继续加以考察，虽然用人不疑，但是，并不等于放手不管，否则有可能给公司带来难以挽回的损失。

第三周

为官择人

王者须为官择人，不可造次即用。

——《贞观政要·择官第七》

【译文】

君主必须根据官职来选择合适的人才，决不可在仓促匆忙之中任用人才。

笔　记

古语云，临危受命。这句经典用人之道在数千年历史中，一直被曲解为"临阵磨枪式"的选拔任用人才的方式并大获成功。不可否认在特定的危机情况下，政府没有充足的时间去仔细考察，这种仓促用人的方式属于没有办法的办法，并不为过。

但是，在和平时期再这样就有问题了。唐太宗从古代用人之道中汲取经验和教训，指出为官择人，不可造次。其深意有二：

一是选拔人才必须根据职位所需。治理国家需要不同人在不同职位上的贡献。那么，当职位被确定下来以后，朝廷就应该按照具体的职位挑选人才。这种理念的好处在于，大大减少了选拔人才过程中的盲目性，而且，可以提高选择人才的效率，只要把具体职位需要什么样的人才制定成一个标准，那么，就可以非常容易地筛选出适合某些职位的人才了。这是唐太宗择人的聪明之处。

二是选拔人才应该是一个长期的过程，应该非常审慎地考察官员，而不是仓促任命。唐太宗历经战乱，实现天下大治，对于战乱与和平时期的人才选拔有自己独到的体会和经验。

再看当下，无论是机关事业单位，还是企业公司，经常能看见突击提拔、任命干部的情况,固然不可一概否认其合理之处,但是,唐太宗"为官择人,不可造次"的用人思想,还是值得我们好好反思。

行动指南

应该为人才的选拔树立一个标尺,根据团队的需要来筛选人才。否则,天下人才熙熙攘攘,如果不是为我所需要的,那么,就应该毫不犹豫地放弃。

星 期 二

赏罚不可轻行

用得正人,为善者皆劝;误用恶人,不善者竞进。赏当其劳,无功者自退;罚当其罪,为恶者戒惧。故知赏罚不可轻行,用人弥须慎择。

——《贞观政要·择官第七》

【译文】

任用一个有德之人,善人就会受到鼓舞;误用一个恶人,坏人就会竞相投机钻营。奖赏与功劳相当,无功之人就会自动退缩避让;惩罚与罪过相称,作恶的人就会心怀警惕恐惧不安。所以,赏罚之事不可以随便施行,用人尤其应该慎重选择。

笔 记

贞观六年(632),唐太宗对魏徵谈起国君用人应该慎重。仔细梳理唐太宗上述用人管理之道,不难发现:

一是注重用人得当与否对于其他人的影响。从表面上看,选拔任用一名官员是否得当,只不过是领导者和被任用人之间的关系,对其他人即使有影响,也不至于如何严重。但是,在唐太宗看来,任用有德之人,不仅可以让其充分发挥才能,还可以对普天之下所有的有德之士产生巨大的劝勉激励作用;反之,误用恶人,将导致更多的恶人投机官场。

二是坚持"赏罚不可轻行"的原则。一方面,因为赏罚轻行容易导致刑罚泛滥,甚至制造冤案、错案;另一方面,赏罚轻行的后果还将导致对整个国家人才选拔制度的摧毁,让贤才心生畏惧,让恶人肆意妄为。

行动指南

第一,赏罚必分明公正。既要学会挖掘人才,也要学会责罚。无论是奖赏还是惩罚,都应该坚持慎重的原则,做到不赏罚则已,赏罚必分明公正。

第二,赏罚对事不对人。领导对员工的赏罚都要针对工作,戒除个人喜好情绪,不要因人而异。

第三,赏罚要有效,不要过于频繁。奖赏固然令人高兴,但是,太多则滥,失去奖赏价值;惩罚固然令人敬畏,但太多必失庄重。

星期三
才行俱兼

设令此人不能济事,只是才力不及,不为大害。误用恶人,假令强干,为害极多。但乱世惟求其才,不顾其行。太平之时,必须才行俱兼,始可任用。

——《贞观政要·择官第七》

【译文】
即使这样的人不能做成大事,只是因为能力不济,也不会造成大的危害;如果误用了坏人,假如他精明能干,危害就非常多了。在天下混乱之时,只求有才能,不考虑品行问题,但是,这只是一时的权宜之计。当天下太平之时,必须是才能和品德都好的人,才可以任用。

笔 记

何谓人才?自古以来说法不一。司马光在《资治通鉴》里分析智伯无德而亡时写道:"才德全尽谓之圣人,才德兼亡谓之愚人,德胜才谓之君子,才胜德谓之小人。"在现实中,往往鱼和熊掌不可兼得,那么,究竟如何抉择取舍呢? 魏徵为唐太宗进行了客观而全面的分析,并指出"太平之时,必须才行俱兼,始可任用":

一是"才力不及,不为大害"。用今天的话说,这类人属于"有德无才"的"次品"。虽然资质平庸,难为大事,但是至少不会对社会造成多么大的危害。

二是"假令强干,为害极多"。这类人属于"有才无德"的"危险品"。虽然拥有极强的个人能力,但是,能力越大破坏越大,一旦手中掌握了权力,就会肆意妄为,对国家和社会危害极大。

三是"才行俱兼,始可任用"。这就是自古以来人才任用中的"正品"。虽然不常有,但是只要尽心挖掘,全力培养,总会找到这样的人才的。魏徵为人刚直不阿,富有雄才大略;房玄龄谋略过人,人品高洁,他们都属于德才兼备之人。而历史也证明,他们对于唐太宗开创的"贞观之治"的局面,起到了巨大的作用。

现代企业用人标准各异,但是,谁都喜欢德才兼备之人。当我们无法找到德才兼备的人才之时,我们又该如何对待其他人才呢? 上述思想可以为此提供充分的理论依据。

行动指南

对待"正品",要善于发现和培养,但不以此作为人才选用的唯一标准;对待"次品",要合理设置职位,在让其发挥才能的同时,制约其负面影响;对待"危险品"和"废品",则要审查明鉴,坚决排除在团队之外。

星期四
以人为本

治天下者,以人为本。欲令百姓安乐,惟在刺史、县令。县令既众,不能皆贤,若每州得良刺史,则合境苏息。

——《贞观政要·择官第七》

【译文】

　　治理天下的人要把百姓看作根本。要想让天下百姓安居乐业,关键在于选拔任用好刺史、县令。县令的人数太多,不可能个个做到贤能,如果每个州郡都能选好一个贤能的刺史,那么整个州郡内的老百姓就都能够得到休养生息。

笔　记

　　贞观十一年(637),侍御史马周上书给唐太宗,指出治理天下应该以人为本。以人为本,除了表示以天下百姓为根本之外,在用人管理上还有另外的含义:

　　一是以提拔选用与老百姓联系最直接、最相关的官员为根本。以民为本不是一个漂亮的口号,既然以天下百姓为根本,那么,在用人制度上,就应该特别突出与百姓接触最密切的职位。而县令、刺史这些在官僚机构中处于最底层的职位,不仅是构建整个大唐帝国政府机构的基础,还是真正与民接触最多的官职。因此,想建立以民为本的社会,就必须从根本上重视对基层干部的选拔和培养,不能仅仅盯着那些上层或宫内的职位。

　　二是以整个政府机构中最基层官员的选拔为根本。县令和刺史职位相对低微,但是,正因为其职位低,人数就相对较多,这样就非常容易导致选拔任用中的混乱。而一个政府机构一旦基层干部开始出现问题,那么,通过自下而上提升的官员必然存在问题。因此,以人为本的干部任用方式,还与整个大唐帝国政府机构建设息息相关。

行动指南

　　要重视选拔基层管理者,不要把眼睛全部盯在高端市场管理人员上,没有基层的稳定,何来高端市场的繁荣?

　　能成大事的人才固然是公司的财富,但是,一个团队中都是只干大事不愿意做小事的人才,团队就未必能成功。

星期五
非才莫举

选众授能，非才莫举，天工人代，焉可妄加？至于懿戚元勋，但宜优其礼秩。或年高及耄，或积病智昏，既无益于时宜，当置之以闲逸。久妨贤路，殊为不可。

——《贞观政要·择官第七》

【译文】

从众人中选拔人才，是为了授官给那些有才能的人，没有才能的就不能举任，天下的职官由人来代理，怎么可以随便授给没有才能的人呢？至于皇亲国戚和开国功臣，只适宜在礼仪俸禄上优厚。有的年纪高达八十岁，有的长期患病，神志不清，既然对现时的事没有好处，就应让他们休息，安闲舒适地度过晚年。长期妨碍进贤的道路，很不应该。

笔 记

这段话是刘洎对唐太宗的上疏。刘洎认为，尚书省左右二丞的人选应当精心选拔，于是向唐太宗上疏阐明理由。唐太宗看过他的上疏之后，不久便提拔他为尚书省左丞，唐太宗的虚心纳谏可见一斑。

在这段话中，刘洎强调，凡是拥有权力的职位，必须任用品德高尚、能力卓越的贤人。但是组织中总不可避免地存在没有实际能力的亲戚朋友，存在有功但已经不能再为组织贡献价值的人。如何妥善安置这些人？管理者需要慎重对待。刘洎的办法是，授予他们没有实际权力的职位，同时在礼节上尊重他们，在薪水上厚待他们。这样就可以让他们享受安逸，不生是非，让有才能的贤人发挥自己的才智。

行动指南

有实权的重要职位，必须选拔品德高尚、才能卓著的人来担当。

第四周

了解下属

父不能知其子,则无以睦一家;君不能知其臣,则无以齐万国。

——《贞观政要·择官第七》

【译文】

父亲不了解他的儿子,就无法使一家人和睦;国君不了解他的臣子,就无法使天下协调一致。

笔 记

这段话是魏徵在贞观十四年(640)对唐太宗的上疏。管理者要让组织成员有效协同,必须了解每一位成员。不知人,如何善用?但是,很多管理者虽然也意识到了解员工的重要性,但却用停滞不前的眼光看待他们。"一朝定性,永难翻身。"万物时刻都处在发展变化之中,这是基本的道理,但是他们却总是不更新对组织成员的看法。他们自以为了解员工,殊不知,他们了解的只是很久之前的员工。员工具备了新的技能,得到了突飞猛进的成长,而他们竟然浑然不知。因此,要真正了解员工,必须以发展的眼光时时更新对他们的认识。

行动指南

多用心了解员工的优势和需求,以发展的眼光看待员工。

星期二
期之以远大

若勖之以公忠，期之以远大，各有职分，得行其道。

——《贞观政要·择官第七》

【译文】

如果用大公无私、忠心为国来勉励他们，用远大理想来要求他们，使他们各有职责，就能施行自己的主张。

笔　记

魏徵的这段话，给管理者提供了三点启示：

一是管理者要培养员工的忠诚意识。忠臣意识最重要的体现便是对组织的归属感。曾有一位丰田汽车公司的退休员工，看到马路上一辆肮脏的丰田车，竟然拿起抹布擦起车来，车主看到了很是惊讶，便询问原因。老员工回答说："这辆车是我们丰田公司造的，我不允许这么脏的车停在路上。"忠诚意识是从心底里对公司文化、价值观的认同。

二是管理者要学会用愿景来激励员工。管理者必须让员工清晰地看到公司的发展前景。发展前景不明确的组织，无法赢得员工的认同。

三是管理者要明确员工的职责。如果员工的岗位职责不明确，就无法评估绩效，也不可能实现有效管控。从员工角度而言，不明确自己的职责，相当于工作没有目标，根本不知道"做什么"、"怎么做"、"要达到什么成果"——这不是一件很荒唐的事情吗？

行动指南

身为管理者，首先，要培养员工的忠诚意识；其次，要明确公司的愿景，并向每一位员工宣布；再次，要明确员工的岗位职责。

星期三
六正六邪

进之以六正,戒之以六邪,则不严而自励,不劝而自勉矣。……贤臣处六正之道,不行六邪之术,故上安而下治。

——《贞观政要·择官第七》

【译文】

用六正来教育引导,用六邪来警示。这样即使不对其严厉,他们也会刻苦励志;不需要规劝,他们也能努力自勉。……贤臣遵行六正之道,不触及六邪之术,所以能使朝廷安定,天下大治。

笔 记

何谓六正、六邪? 在贞观十四年(640),魏徵上书唐太宗,言明按照六正去做,就功德千秋;触犯六邪,就会身败名裂。

所谓"六正":一是预见存亡得失、防患于未然的"圣臣";二是虚心尽意、匡正国君错误的"良臣";三是为国推荐贤才、激励国君的"忠臣";四是堵塞漏洞、使国君没有忧患的"智臣";五是奉公守法、谨守职责的"贞臣";六是直言进谏、当面指出国君的过失的"直臣"。

所谓"六邪":一是贪图官禄、毫无主见的"具臣";二是取悦国君、阿谀奉承的"谀臣";三是阴险狡诈、妒贤嫉能的"奸臣";四是挑拨离间、制造混乱的"谗臣";五是结党营私、颠覆国家的"贼臣";六是谗谄蔽塞国君、混淆君主耳目视听的"亡国之臣"。

无论是国君还是臣子,做事皆需要依据一定的道德规范,上述六正、六邪对于现代企业管理而言,又何尝不是一个非常有价值的经验呢?

行动指南

现代企业领导需要为员工树立正面的形象,加强正面榜样的引导作用,同时借鉴恶性形象作为反面教材,加强警戒作用。

星期四

至公之实

若徒爱美锦,而不为民择官,有至公之言,无至公之实,爱而不知其恶,憎而遂忘其善,徇私情以近邪佞,背公道而远忠良,则虽夙夜不怠,劳神苦思,将求至理,不可得也。

——《贞观政要·择官第七》

【译文】

如果只爱徒有外表并无内才的人,而不为百姓选择好的官吏,有很公允的话,没有很公允的行动,对所爱的人不知道他的恶行,对所憎恨的人就忘记他的优点,只从个人恩怨出发去亲近邪恶奸佞的人,违背公正的原则而疏远忠正贤良的人,那么,即使从清晨忙到深夜,耗费精神,苦苦思虑,想求得国家的安定与富强,是得不到的。

笔 记

这段话中魏徵向唐太宗提出了三个重要的观念:

一是不可"徒爱美锦"。美锦指徒有虚名但无实际才能的人,这些人爱好虚荣、贪图享乐,不做实事,实际上是寄生虫。他们的存在,只会让百姓有冤难申,让贤能的人无处施展才华。

二是有"至公之言",更要有"至公之实"。许诺过的话没有切实的行动来兑现,无异于践踏诚信,最终将无法取信于民。

三是评判人的功过是非要遵循公正的原则。贞观元年(627),唐太宗将房玄龄、杜如晦、长孙无忌列为第一等功臣,唐太宗的叔父李神通不服气,唐太宗说:"国家的大事,只在于赏赐与惩罚。赏赐和功劳大小相当,无功的人就会自然退下;惩罚与罪恶相符,干坏事的都会畏惧。现在按照功勋大小行赏,房玄龄等人有运筹帷幄,用计谋安定国家的大功。……叔父是朝廷至亲,我实在不是吝惜封赏,只因为不能徇私情就与功勋卓著的臣子同样封赏啊!"

行动指南

作为管理者，首先要启用有真才实学、干实事的人；其次，要言出必行；再次，要论功行赏。

星期五
尊师重道

贞观三年，太子少师李纲有脚疾，不堪践履，太宗赐步舆入东宫，诏皇太子引上殿亲拜之，大见崇重。

——《贞观政要·尊敬师傅第十》

【译文】

贞观三年，太子少师李纲脚有病，不能穿鞋走路。太宗赐他乘坐步舆进东宫，诏令皇太子搀扶他上殿亲自拜见，显得十分尊重。

笔　记

尊师重道，自古以来就是中华民族的优良传统。唐太宗为了表示对太子老师的尊敬，特意制定太子接待老师的礼节：太子出殿门迎接，先行礼拜见老师，老师行礼时太子答礼；进出门让老师先走；老师坐下，太子才能坐；太子给老师写信，前面要称"惶恐"，后面称"惶恐再拜"。

在组织中，尊敬老师、上司、前辈等对组织发展具有非常重要的作用。首先，这种良好的习惯有助于组织经验和知识的传承，尊重老师意味着重视知识，后进者怀着尊敬的心情向前辈请教、学习，必然能获得更多的指点和帮助。其次，这种良好的习惯会形成一个人人都乐意分享的组织氛围，向他人传授知识可以得到他人的尊敬，传授者得到鼓舞，就会乐意将更多的经验和知识与众人分享。

行动指南

在组织内部营造尊师重道的氛围：尊敬每一位分享知识的人，奖励分享知识的人，让他们的付出与收获相对应。

吉凶由己

星期一
见存百姓与割恩亡臣

与其毒害于见存之百姓，则宁使割恩于已亡之一臣，明矣。然则向之所谓爱之者，乃适所以伤之也。

——《贞观政要·封建第八》

【译文】

与其让这些人去毒害活着的老百姓，还不如割断恩情于一个已故的功臣。这个道理是非常明显的。既然如此，原来认为是对他们的爱护，其实恰恰是对他们的伤害。

笔 记

"卸磨杀驴"这句讽刺忘恩之举的话语，具有深刻的历史背景。唐太宗能够获得天下是靠手下大批为其卖命的人，当这些人用自己的生命换取李氏江山之后，如唐太宗这样的清明君主会出于私人的感恩意识，以及笼络人才的政治策略，给那些曾经为其卖命而死去的将臣子孙封爵加官。这种举措无疑使得唐太宗在中国历史上没有背上卸磨杀驴的骂名；相反，还留下了一个感恩图报的好帝王的美名。

但是，在治理国家上，唐太宗顾及功臣子孙的行为却存在巨大的弊病。正如手下谏官指出的，当这些被分封官爵的已故功臣的子孙为非作歹、祸害百姓的时候，再对其保持所谓的仁者之爱，就不仅不是明君的做法，反而是历史的罪人。因此，为了天下百姓利益考虑，必须"卸磨杀驴"：对已经故去的功臣子孙不能一味迁就，不能让他们躺在祖先的功劳簿上为非作歹。

割恩并不等于忘义。因为偏爱而对亡臣子孙为非作歹的行为不闻不问，这不仅愧对那些为国死去的功臣们，也是在真正伤害他们的子孙。因此，只有割恩才是正确的回报亡臣的方式。

割恩并不等于彻底不管亡臣的子孙，可以根据他们封户的多少，给一些土地作为食邑，让他们去征收赋税。他们的子孙中必须是有才能、有品行的方可量才授官，而那些能力不强、品行不高的也可以免去过失的牵累。这样既使他们能蒙受祖辈的荫庇，而子孙也能终享富贵。

行动指南

优秀的管理者应该把私人感情和公司事业区分开来，不要以公司利益作为回报功臣的筹码。

星期二
预立定分

汉晋以来，诸王皆为树置失宜，不预立定分。以至于灭亡。人主熟知其然，但溺于私爱，故前车既覆而后车不改辙也。

——《贞观政要·太子诸王定分第九》

【译文】
自从汉晋以来，分封诸王都因为封授的职位不当，没有预先确定名分，因而导致灭亡。国君们对这件事是很清楚的，但因为沉溺于个人感情，未能接受前车之鉴，因而并没有改变这种做法。

笔 记

历史上帝王子嗣夺权纷争引致的祸端屡见不鲜，这是很多帝王遇到过的难题；同时，对这个问题的处理是否得当，将直接影响整个国家的兴衰成败。已经创造出太平盛世的唐太宗，同样面临这个难题。在贞观十一年（637），大臣马同上书陈述历代王朝在分封诸王问题上的弊端，谏言唐太宗吸取教训，在分封诸王问题上,应该预立定分。

预立定分的经验来自对历史上帝王处理此类事情不当的总结。史料记载,汉魏时的曹操特别偏爱陈思王曹植,但是,后来并没有将王位传给曹植。当魏文帝曹丕即位之后,便对曹植防范禁制。究其原因,其中一个重要原因是曹操对他的恩宠太多,以至于继位的君主对他不得不提防。从表面上看,魏武帝是宠爱曹植,但是,实际上恰恰害苦了他。马周对唐太宗讲述这个典故,可谓用心良苦,这自然能够获得唐太宗的重视。

行动指南

在物色人选的过程中,不应把私人偏好施加于不想给予这个职位的人。

星期三
惟忠惟孝

惟忠惟孝,因而奖之;道德齐礼,乃为良器。此所谓"圣人之教,不肃而成"者也。

——《贞观政要·太子诸王定分第九》

【译文】
尽忠尽孝,就给予奖励;用道德礼义来引导约束他,这样才能使他成为国家的栋梁之才。这就是古人所说的"圣人的教化,不用疾言厉色就能使人成器"的道理。

笔 记

尽忠尽孝是古代中国伦理教育的主流形态。为国尽忠、为家尽孝的君子之风,遂成为古代人才衡量的基本标尺,道德人品、社会责任与个人才能有着血脉纽带关联。

贞观十三年(639),谏议大夫褚遂良上书进谏太宗,讲述忠孝在教化人才方

面的独特作用。综观其谏言,启示意义如下:

一是对忠孝教化人的充分肯定。褚遂良希望太宗坚持汉代以来忠孝礼仪的传统,以忠孝教育太子成才。虽然品德与个人能力并非有绝对的因果关系,但是,拥有良好的人品和德行,无疑对于个人能力的成长具有十分突出的作用。相反,一个人的能力再强,如果品行不端,一旦被任命到重要的职位上,将产生巨大的危害。对于将来有可能登上帝王之位的太子,应以为国尽忠的社会责任感、为家尽孝的个人道德感,加以鼓励引导,这样才可以大大促进其成才。

二是忠孝教化可以实现"圣人之教,不肃而成"的潜移默化效果。圣人教化并非不用严厉的方式,而是圣人之所以为圣人,就在于其是道德仁义的化身。其对人的教育培养只需要以自身的德行加以影响,使得对象在潜移默化之中获得熏陶。

行动指南

在人才培养时,不要仅注重业务能力的培养而忽视道德品质,那么,这样的企业注定不能长久。

星期四
不墨守成规

锲船求剑,未见其可;胶柱成文,弥多所惑。

《贞观政要·封建第八》

【译文】

刻舟求剑,没有人看见它可行;粘柱调弦,演奏乐章,更使人增疑。

笔 记

这段话是礼部侍郎李百药对唐太宗的上疏。贞观十一年(637),唐太宗认为分封皇亲贤臣是使子孙绵延长久的办法。于是,他将皇亲贤臣一并封为世袭刺史。李百药针对这一事件,上疏给唐太宗,反驳世袭封爵这一举措。

李百药认为,在唐代推行世袭分封制度,无异于在舜、禹时代推行上古之法,在汉、魏时代实施舜、禹之法,完全是将周朝的制度生硬地嫁接到唐朝。殊不知,朝代更迭,周朝和唐朝的社会环境已经有很大区别,如果仍旧推行世袭封爵制度,无异于刻舟求剑。

在企业经营过程中,市场是不断变化的,根本没有谁可以准确地预测市场的走向。因此,我们必须注重在实践中不断摸索、提炼新的经验,不要总是固守以往的成功经验,而要立足于实践,时刻监测市场的变化情况,不能生搬硬套所谓的成功模式。

行动指南

注重实践,不要固守以往的经验,不要盲目相信别人的成功模式。

星期五
设 三 师

明王圣帝,曷尝无师傅哉? 前所进令,遂不睹三师之位,意将未可。……况朕接百王之末,智不同圣人,其无师傅,安可以临兆民者哉?

——《贞观政要·尊敬师傅第十》

【译文】

凡是圣明的帝王,哪一个没有师傅呢? 先前所呈上来的有关官职的法令中,没有见到三师的职位,我认为不可以。……何况我位居历代帝王之后,智慧远远比不上圣人,没有师傅完善的教导,怎么能够统率亿万百姓呢?

笔 记

所谓"三师",是指北魏以后,以太师、太傅、太保为三师,任职官员主要负责和天子坐而论道,以及辅导太子学习治国之道。

唐太宗堪称历史上少有的明君，即使如此，他仍然要求设立"三师"，对于治国之道思想而言，这具有特殊的意义：

一是设立"三师"职位本身，无疑在客观上倡导尊师重教的学习之风，这对于国家伦理教化、文明素质的提升，具有重要作用。

二是"三师"属于古代版的"智库"，不仅为国家经济发展战略提供重要的理论指导和数据分析，还直接参与国家发展的政策建设。

行动指南

可以仿效古代设立"智库"，通过它们对市场信息的收集和分析，提供市场经营现状、前景、问题等咨询研究报告，以此作为企业发展的重要参考。

第二周

从教而变

　　上智之人，自无所染，但中智之人无恒，从教而变。……故知人之善恶，诚由近习。

——《贞观政要·尊敬师傅第十》

【译文】
　　智慧高明的人，不会受周围环境的熏染而改变自己，但是，智慧一般的人，却没有固定不变的，会随着所受的教育而改变。……因此，人的善恶确实可以受到周围环境和左右亲近的习染和影响。

笔　记

　　古代中国儒家观念一般认为，"人之初性本善"、"性相近"，因为"习相远"的缘故，才使得人与人的道德品性发生改变。但是，对于圣人的认识，并不因为后天学习而发生改变，也就是说，凡是高明之人的智慧都是由上天赋予的，用今天的话说，就是天生的。唐太宗对侍臣大谈"上智之人，自无所染"，无疑深受这种思想的影响。

　　但是，普天之下，智慧高明的人又会有几个呢？因此，唐太宗对"中智之人"的论述，应该更具有普遍性。在他看来，"中智之人无恒，从教而变"，这固然与儒家的教化思想是完全一致的，但其深层背景则是，唐太宗在此道出了普天下之人与后天教育的重要关系，以及人的生长环境对于人才培养的巨大影响。

　　综观古今历史，有多少善良的人在环境迫使下成为恶人，而又有多少恶人因为新的环境和教育成为善人。人才如此，国家不也如此吗？国家治理得好坏，既然与人才的道德品性相关，那么，为什么我们不能从关注人才成长的环境开始，尽量塑造善人呢？

行动指南

要重视企业运营的环境，在可以选择环境的情况下，充分利用外界条件提升自身；在无法改变环境的情况下，把自己摆在高智的地位，不因外界干扰而堕落。

星期二
受谏则圣

为人君虽无道，受谏则圣。此傅说所言，可以自鉴。

——《贞观政要·教戒太子诸王第十一》

【译文】
　　做君主的虽然有时候德行不高，但是，只要能够接纳规谏，也会成为圣明之人。这是传说中讲的道理，可以对照自己以作鉴戒。

笔　记

唐太宗曾经给臣下讲述了周文王母亲胎教的传说。据说周文王的母亲怀孕的时候，眼睛不看邪恶的东西，耳朵不听不健康的音乐，嘴里不说脏话，还常常让乐官朗诵优美动听的诗歌、弹奏高雅的音乐给她听。因此，周文王一出生就非常聪明，德行高尚。

唐太宗借传说中周文王受到胎教而聪明有德的传说，极力要阐明的道理则是：

一是虽然"人之初，性本善"，但是，即使是善，也有大善小善之分，帝王并不一定个个都是大善之人，即所谓"为人君虽无道"。但是，帝王身为天下人之父母，如果留下无道的缺陷，不仅无法很好地治理国家，还可能误国害民，因此，就需要对"无道"之君进行道德品行上的"补课"。而周文王母亲胎教的传说，则证明了后天教育可以弥补帝王无道的可能性。

二是只要愿意弥补德行上的缺陷，人人可为圣人。这阐明了后天教育具有极其重要的价值和作用。在一定意义上，唐太宗"受谏则圣"是为了让群臣放下思想包袱，鼓励大胆进谏；另外一个层面的含义则是，自己虽然身为天子，也需要后天受谏，所以，臣下更应该虚心听取别人意见。

现代管理学中有无数成功的案例可以作为上述思想的佐证。例如，有人拜见松下幸之助先生时，提出了这样一个问题："请你用一句话来概括你经营的诀窍。"他回答："首先要细心倾听他人的意见。"

行动指南

让员工多了解公司内外的情况；同时本身在作决策时，也应听听员工的意见，并不时地给予员工帮助与指导。

星期三
吉凶由己

凡为藩为翰，有国有家者，其兴也必由于积善，其亡也皆在于积恶。故知善不积不足以成名，恶不积不足以灭身。然则祸福无门，吉凶由己，惟人所召，岂徒言哉！

——《贞观政要·教戒太子诸王第十一》

【译文】

凡是拥有一方土地的诸侯，其兴盛一定是由于积善，其败亡也一定是由于积恶。因此，不积善不足以成就功名，不积恶不至于败国身亡。然而祸福不是上天注定的，吉凶完全在于自己，由人自己招致，这难道是一句空话吗？

笔 记

"生死由命，富贵在天"，历代封建王朝都以这样的思想来钳制人民。但是，自陈胜、吴广高呼"王侯将相宁有种乎"，从而掀开了中国古代历史上第一次规模浩大的农民起义后,封建统治者逐渐意识到,仅仅通过愚民政策让天下太平无疑是一种幻想。

唐太宗深知继续"装糊涂"的危害,尤其是将来继承王位的子孙,如果不能明白这个道理,必将导致自己辛辛苦苦打下的江山土崩瓦解。为此,他要求大臣魏徵编写一本能够规劝警醒李家王孙们积善去恶的书,用以教育子弟。

积善与积恶是"吉凶由自己"的前提和基础。为什么吉凶可以由自己来决定? 这并非是主观愿望,而是自己积累善事和作恶的必然结果。

吉凶虽由自己,但是,无人愿意得凶,那么,就应该时时注意积善。只要一个人能够坚持积善去恶,那么,最终的结果就会与他的主观愿望相吻合。这就是所谓的"祸福无门,吉凶由己,惟人所召,岂徒言哉!"的深刻寓意。

行动指南

多致力于公益事业,在使公众受益的同时,还可塑造企业良好的公众形象,扩大企业的社会影响力和公众信任度。

星期四
继　体

然考其隆替,察其兴灭,功成名立,咸资始封之君;国丧身亡,多因继体之后。其故何哉?

——《贞观政要·教戒太子诸王第十一》

【译文】
　　然而考察其盛衰兴亡的规律,凡是功成名就的,大都是最初所分封的诸侯王;而国灭身死的,大都是后来继位的王侯。这是什么原因呢?

笔　记

唐太宗诏令魏徵辑录的《自古诸侯王善恶录》,提出了这样一个社会历史发展现象：功成名立,咸资始封之君;国丧身亡,多因继体之后。

帝位的后继者们远离打天下的年代,即使祖先努力教育规劝,他们也无法亲身感受那种创业的艰难和痛苦,其体会自然无法铭心刻骨,再加上安逸享乐的生活环境的诱惑,后继者们往往沉沦堕落,由此直接加速了国家的灭亡。这正是太宗希望魏徵辑录的《自古诸侯王善恶录》所起的警示作用。

今天,诸多企业家在把整个企业移交给自己的继承者之后,往往时间不长,企业就陷入了生存危机。究其原因,排除市场竞争因素,继承者自身素质也是一个重要因素。

行动指南

企业家应从小灌输子女开创公司的艰难和痛苦,让子女从基层做起,慢慢成长为一个合格的管理者。

星期五
以德服物

我闻以德服物,信非虚说。比尝梦中见一人云虞舜,我不觉竦然敬异,岂不为仰其德也!

——《贞观政要·教戒太子诸王第十一》

【译文】
我听说用德行使百姓归服,确实不是虚假的说法。近来曾经梦见一个人说是虞舜,我不禁肃然敬佩,岂不是因为瞻仰他的德行!

笔 记

这段话是唐太宗在贞观十年(636)对几位同姓诸侯王说的。唐太宗反思历史现象,认为诸侯王难以长久地延续的原因,是他们的子孙自小生长在深宫,忘记了百姓的疾苦和治国所要遵循的王道,贪图荣华富贵,骄奢淫逸。唐太宗希望他们以此为鉴,选择良师益友,接受他们的规劝,力避独断专行。"人之立身",可贵之处在于积累德行。夏桀、商纣虽然身为天子,但如果称别人是夏桀、商纣,一定会得罪别人;孔子、颜回等虽然只是一介布衣,但如果称赞别人具有他们那样的德行,别人一定会感到高兴。由此可知,要赢得别人的尊重,应当注重修养德行。

管理者的领导力不仅仅是来自于权力,还有自身德行。权力可以用来命令人,却不能让人心悦诚服。唯有积累德行,以德服众,才会赢得下属忠心的拥护。

行动指南

管理者要想让自己的基业长青,必须修炼德行,主动承担起一定的社会责任,为社会贡献价值,而不能止步于简单的赢利。

第三周

不可勉为其难

如臣愚见,陛下子内年齿尚幼,未堪临民者,请且留京师,教以经学。

——《贞观政要·教戒太子诸王第十一》

【译文】

依我的愚见,陛下的儿子们年龄尚小,还不能胜任治理百姓,请暂时留守在京城,以经典学问进行教育。

笔 记

贞观年间,唐太宗年幼的儿子多数被授予都督、刺史的官职。褚遂良觉得这件事唐太宗做得不妥,于是上疏规劝太宗。褚遂良认为,都督、刺史是荫护一方百姓的重要职位,关系到众多百姓的幸福,因此,身为国君,必须为百姓挑选有品德和才能的人来担当都督、刺史的职位。然而,年幼的皇子们能力和德行都有所欠缺,无法胜任这样的职位。让他们留在京城,继续教化他们,一则可以让百姓得到实惠,二则可以让皇子们的能力和德行得到进步成长。这不是一举两得的好事吗?

管理者在用人方面往往存在着过于急迫的毛病,即使明知某些人尚无法胜任某一职位,但为了使人员尽快到位,便"催熟"人才,将他们安排在其难以胜任的职位上,最后导致事业的失败。

行动指南

不要勉为其难,不顾下属的实际能力水平,将他们安排到其难以胜任的职位上。

星期二

惜 勤 劳

尽为善于乙夜,惜勤劳于寸阴。故能释层冰于瀚海,变寒谷于蹛林。总人灵以胥悦,极穹壤而怀音。

——《贞观政要·规谏太子第十二》

【译文】

　　要孜孜不倦地日夜做善事,珍惜时光,勤劳治理政治。从而能够让浩瀚大海中的冰雪融化,让边远地区寒冷的蹛林变为春天。让天下百姓都欢喜,让天下人都歌颂帝王的美名。

笔 记

　　贞观五年(631),李百药被任命为太子右庶子,当他看见太子李承乾嬉戏游乐过多,于是就写了一篇《赞道赋》,以此规劝太子珍惜光阴、勤奋读书,将来在治理国家之时有所作为。

　　自古至今,人们向来以勤奋学习作为成功的秘诀。"惜勤劳"贵在珍惜时光与勤劳学习两个方面,就前者而言,一切知识的获取都需要时间;并且,知识本身就是人类在漫长历史中创造出来的。因此,珍惜时光的意义并非仅仅在于肉体生命的存在,而是对知识的传承。就后者而言,唯有勤奋才能更好地抓住稍纵即逝的时光,通过获取更多的知识来充实自己。

　　在现代企业中,一切管理的主体都在于人,即使成功的管理者也并没有唯一的模式。但是,丰富的知识和勤奋的品质,无疑是一切优秀管理者最基本的素质。

行动指南

　　除了自身珍惜时光、勤奋工作,为员工树立榜样之外,还应该要求整个团队养成勤奋和珍惜时间的良好品质。

星期三

弘道在人

君臣之礼，父子之亲，尽情义以兼极，谅弘道之在人。

——《贞观政要·规谏太子第十二》

【译文】

君臣之间的礼法和父子之间的亲情，充满情义而达到极点，但能否弘扬大道，完全在于个人。

笔　记

在封建专制社会，君臣之间尊卑等级可谓森严。所以，礼节仪式既是用来规范君臣之间政治地位差别的重要保障；同时，也是一个社会政治人伦秩序的基本要素。此乃所谓"君臣之礼"提出的重要社会背景。

由于社会是由无数个家庭组织构建起来的，以血缘为纽带的家庭堪称社会的基本细胞。在父权时代，父亲在家庭中无疑拥有和社会中君王一般的地位，因此，家庭中的父子关系，与社会上的君臣关系，具有惊人的类似性。正是在这个意义上，原本通过礼仪规范联系起来的君臣关系，与由血缘纽带关联建立起来的父子亲情，并不可同日而语，却被太宗手下大臣认为二者皆可"尽情义以兼极"。

问题的关键在于"谅弘道之在人"的说法。既然礼仪可以用来规范君臣之间的尊卑贵贱，亲情可以用来澄明父子之间的血脉纽带，礼仪和亲情在保持整个社会良性运行和协调发展中的作用是不言而喻的。但是，一切礼仪都是由人创造出来的，一切亲情都因为人的重视才温暖；反之，当人背离礼仪道德，抛弃亲情血缘的时候，所谓的人间大道都是毫无意义的。

行动指南

在遵守公司制定的领导和职工之间的礼仪规范上，要打破上下级尊卑地位的束缚，要注入关爱的亲情。

星期四

礼乐庇身

乐以移风易俗,礼以安上化人。非有悦于钟鼓,将宣志以和神。宁有怀于玉帛,将克己而庇身。

——《贞观政要·规谏太子第十二》

【译文】

音乐,可以移风易俗;礼仪,可以安定社稷,教化百姓。学习音乐并不是因为喜欢钟鼓之音,而是为了抒发心志,怡情乐性;学习礼仪也不是因为喜欢三帛礼品,而是要用礼来节制个人私欲,保护自身。

笔 记

《论语》中说:"兴于诗、立于礼、成于乐。"在中国古代,礼仪和音乐的作用与今天有本质的差异,这可以从如下几个层面上加以理解:

一是音乐可以陶冶性情,净化人的灵魂,实现移风易俗、改变社会风尚。古人对音乐的喜好并不仅在于悦耳,因为这只能增加人生理上的快感,而无法实现个体道德上的提升。所以,古人讲述的音乐一般针对两个层面:一是社会个体,二是社会整体风尚。孔子曾说"成于乐",指的就是音乐对于社会个体成长的巨大影响。

古人把音乐作为生命活动中不可缺少的一部分,而不是单纯的一种艺术形式。现代企业管理者也常常对职工进行情操审美教育,但是,效果并不明显。根本原因在于,现代人没有把音乐作为生命存在的一部分,而仅仅把它作为一种派遣寂寞的艺术形式。

二是礼仪可以用来安定社稷江山,克制自身私欲。古代社会礼仪繁琐,但是,这些繁琐的礼仪并非今人所谓的形式。孔子的"立于礼",说明了礼仪对于生命个体成长的意义,这是人和兽的一个重要区分。尤其重要的是,当人克制自己的欲望，遵守国家法纪制度的时候，礼仪就起到了安定江山社稷的作用了，这正是上文所说的"礼以安上化人"的意思。

今天，现代企业制定了细致的规章制度，但是，员工在遵守时往往心存抵触情绪，其中一个重要原因在于，我们没有把礼仪规范延伸到克制私欲、保护自身的深度上。

行动指南

第一，要让员工明白这些规章制度是为了保护员工的自身利益。

第二，有意引导员工对高雅的怡情悦性的艺术的喜好，提升员工审美情操，实现整个团队道德风尚的良性发展。

星期五
先得人为盛

致庶绩于咸宁，先得人而为盛。

——《贞观政要·规谏太子第十二》

【译文】
　　要想朝廷处理得当，天下安宁，必须先得人才兴盛。

笔 记

古代君王打天下、治天下无不需要大量人才。从战国时期门客奔走于列国之间的游说纵横，到曹操的唯才是举，再到隋唐的科举考试，纵然其间帝王们对人才的标准认识各异，但是，有一点是完全一致的：要想实现天下太平，就必须尽可能多地笼络人才。

贞观五年（631），李百药针对太子李承乾娱乐嬉戏而作的这篇《赞道赋》，提出了天下安宁必须先得人才的建议，可谓用心良苦。

在企业中，任何高明的管理都来自于人，而职业经理人就是适应社会而兴起的专门管理人才。如果仿用一下"致庶绩于咸宁,先得人而为盛"的思想,不妨说,现代企业是"先得人而为盛"。

行动指南

借鉴李百药的"先得人而为盛"的思想,把人才战略上升到了企业生存的高度。

第四周

度机分职

必宜度机而分职，不可违方以从政。若其惑于听受，暗于知人，则有道者咸屈，无用者必伸。

——《贞观政要·规谏太子第十二》

【译文】

一定要根据他们的具体情况来分派职务，不可违反制度使其参政。如果被传闻所迷惑，没有看清人的本性，就会造成有道德、有本领的人受冤屈，而卑鄙无能之人一定会得逞。

笔 记

拥有大量的人才是国家和社会发展的基础，但是，这仅仅为国家发展提供了可能性，只有人尽其才，才能实现人才选拔的最终目的。为此，如何使用人就起到了桥梁过渡的作用。

李百药劝诫太子"度机分职"，其意义可以从如下几个方面加以解构：

一是"度机"用人。古人曰："千军易得，一将难求。"人才能够超越一般平庸之人，对人才的使用，当然要比一般人更为复杂。既有根据职位所需，选拔此类人才的；也有因为人才的能力，而专门为其打造职位的，其中并没有唯一的标准答案。因此，"度机"一语道破天机，就是对待任何人才，都要根据人才自身的特点、特定的社会现状等具体情况来决定，不要按照某个死板的框架来处理。这其中大有今人所说的实事求是思想。

二是"分职"用人。用人如下棋，一粒棋子被放到不同的地方，所发挥的作用也差异很大，用得好满盘皆活，用得不好全盘皆输。换言之，在某个职位上是人才的,在另外一个地方也许就是平庸之人,甚至弄巧成拙。所以,用人不仅要掌握时机,还要看职位需要、能力特点。

三是不违方以从政。用今天的话说,职位不同,各司其职,不能越权行事。

行动指南

第一,把握人才任用的时机,在关键的时候使用合适的人才。

第二,人才任用因人而异,需要调整不同的职位以适合其发展。

第三,可以赏识某个人才,但不能赋予他凌驾于他人的特权,以免影响团队内部之间的和谐。

星期二
日知不足

览圣人之遗教,察既往之行事,日知其所不足,月无忘其所能。

——《贞观政要·规谏太子第十二》

【译文】
 阅览圣人的遗教,审察做过的往事,每天知道自己不足的地方,每月不忘记自己还有没学会的东西。

笔 记

贞观十三年(639),太子承乾因为过度打猎,荒废学业,张玄素上书劝谏。他在这段话中提出了改善行动的重要法则:持续改进。

时时刻刻都反思自己的不足和不能,不断追求改进,这就是持续改进原则。实践证明,绝大多数突如其来的重大改变最终都难以持续到取得成效。只有坚持每天改变一点点,不断改进,才可以最终实现质变。另一方面,持续改进强调了改进的永续性。"没有最好,只有更好",对现有的状态永不满足,永远怀着一颗追求进步的心,不断改善,这样才会具有持续的动力。

时刻追求进步,每天思考自己的收获和不足,总结经验和教训,不断提升能力。

星期三

胜　情

夫为人上者,未有不求其善,但以性不胜情,耽惑成乱。耽惑既甚,忠言尽塞,所以臣下苟顺,君道渐亏。

——《贞观政要·规谏太子第十二》

【译文】

作为君主,没有不愿意追求美德的,但是有时候理智不能克制情欲,沉溺于迷惑之中才导致了祸乱。心志迷乱得越厉害,就听不进忠言。因此,臣子随意附和、阿谀奉承,国君之道就会渐渐受到损害。

笔　记

据史料记载,贞观年间,太子李承乾违犯礼法,骄纵奢侈。太子右庶子孔颖达常常对太子犯颜直谏。李承乾的乳母遂安夫人对孔颖达说:"太子已经长大成人了,你们作臣子的怎么能当面指责他呢?"孔颖达回答说:"我蒙受国家恩典,即使得罪太子、因直谏而被处死也不悔恨。"此后,他更加频繁地向太子进谏。此举深得唐太宗赞赏。

在这样的背景下,贞观十三年(639),太子右庶子张玄素再次上书,谏阻太子不要因为游猎荒废学习。

现代企业管理者往往要求员工勤奋工作,不要沉迷于娱乐享受之中,其实,领导者本人更应该身为表率,一旦自身做得好,那么,员工们自然会效仿。

行动指南

现代企业管理在员工品德教育上,应该强调对情感欲望的克制。领导者自己更应该警惕外界物质诱惑。

星期四

慎终如始

慎终如始,犹恐渐衰,始尚不慎,终将安保!

——《贞观政要·规谏太子第十二》

【译文】
像对待开始一样对待结束,尚且担心有时会懈怠,如果一开始就不慎重,又怎么能保持到最后!

笔　记

太子右庶子张玄素以"慎终如始"谏阻太子不要沉迷于游猎,其内涵可以分成如下几个方面:

一是要善始善终。许多昏君在初登王位之时,并非就是沉沦的。他们也大多怀有雄心壮志,企图建立一番功业。但是,当各种诱惑接踵而至的时候,他们往往把持不住自己,最终是有始无终。张玄素的劝谏,道出了历史上失败的帝王并非从一开始就是腐化的事实,告诫太子要善始善终。

二是要防微杜渐。人的蜕变往往是经过一个漫长的过程才完成的,正如腐败享乐对人的腐蚀一样。许多君王在安逸享乐之中,逐渐被消磨了锐志和雄心,这实际上在告诫我们要慎重对待影响我们的小事。单独就一件小事来说,对我们的事业并不会有根本的影响,但是,当无数的小事联系在一起,就可能如洪水猛兽一样把我们吞没。

现代企业领导要注意小事对自己的负面影响，要从心里树立起细节决定成败的意识，谨记"勿以恶小而为之"。

星期五
防微杜渐

殿下必须上副至尊圣情，下允黎元本望，不可轻微恶而不避，无容略小善而不为。理敦杜渐之方，须有防萌之术。

——《贞观政要·规谏太子第十二》

【译文】
殿下必须上与天子圣情相称，下与百姓根本愿望相符，不可轻视小的邪恶而不避免，不能忽略小的善行而不去做。应当制定杜渐的方法，采取防萌的措施。

笔 记

贞观十五年（641），太子承乾在农忙的时候召用杂役，不许他们分组轮流值班，又私自召引许多突厥童仆进宫。于志宁觉得太子的做法非常不对，于是上书规谏他。于志宁认为：第一，让杂役长期在内宫服役，不让他们轮番执勤，他们家里的父母得不到赡养、子女得不到抚育、田地得不到耕种，收获更无法指望。这种做法违背了与民生息的基本道理，会引起百姓的怨恨。第二，亲近突厥有损于太子的美好名声（在古代社会，突厥等少数民族被认为是不知礼教的野蛮人）。太子承乾看到于志宁的这份谏书，不仅不接纳，反而勃然大怒，派刺客去刺杀于志宁。于志宁当时母亲去世了，正在服丧期间，刺客潜入他的家中，看到他睡在草席上，头枕着土块，不忍心刺杀他。

于志宁的这段话，给管理者的启示是：第一，管理者必须时刻坚持施行正道，具体而言，就是做符合国家、社会、人民利益的事，绝不为了牟取利益而做损害消费者和社会利益的事情。第二,管理者必须注重细节。很多事情的成败得失往往取决于细节,注重细节就是注重基础,将基础工作做扎实了,就可以防微杜渐,避免危险的侵袭。

行动指南

关注细节,不要好高骛远,做好基础性工作,将潜在的危险消灭在萌芽之中。

扬人之善

星期一

人无常俗

朕谓乱离之后，风俗难移，比观百姓渐知廉耻，官人奉法，盗贼日稀，故知人无常俗，但政有治乱耳。

——《贞观政要·仁义第十三》

【译文】

我以为国家乱离之后，世风民俗难得改变，近来看见百姓逐渐懂得廉洁，知道羞耻，官吏百姓奉公守法，盗贼日渐稀少，从而知道人没有不变的习惯，只是看国家政治是治理还是混乱罢了。

笔 记

有些管理者习惯抱怨下属能力不足或素质不高，他们不曾认真反思过自己的不足之处。唐太宗的这段话给他们一个警示。在实际管理工作中，经常会遇到令人苦恼、头疼不已的事情，每当这个时候，如果一味责备下属，抱怨下属无能，不仅会挫败下属的自信心，而且会使问题的解决陷入僵局，因为抱怨和责备对解决问题没有丝毫帮助。相反，管理者如果主动从自身出发，寻找原因，寻求解决方法，很有可能使问题迎刃而解。员工看到管理者自责，也会进行深刻的自我反省，从而达到更好的教育效果。这样的做法既有利于问题的解决，也不损害管理者与下属的关系，而且还起到极佳的教育效果，岂不是一举三得的事情吗？

行动指南

相信每一位员工都是可以改变的，积极地培养和教育他们。员工犯错，不要一味责备，应反省自己的管理工作是不是已经做得尽善尽美，从自身找原因，寻求解决办法。

星期二
不作异端

是以为国之道，必须抚之以仁义，示之以威信，因人之心，去其苛刻，不作异端，自然安静。

——《贞观政要·仁义第十三》

【译文】
治国之道，必须用仁义来安抚天下百姓，向他们显示威严和诚信，要顺应民心，废除苛刻的刑罚，不做违背正道的事情，这样天下自然就会安定和平。

笔　记

贞观二年（628），太宗对身边群臣谈起社会风气变化问题，畅谈治国之道。唐太宗讲治国之道，主要讲了三个层面：

一是"抚之以仁义"。仁义是古代儒家的核心思想，自古以来，帝王治国无不以仁义标榜，以此换取民心。在历史上这样的帝王虽然并非唐太宗一人，但是，身处太平盛世的太宗能够理性地反思治国之道源自仁义，并且坚定这个信念，显然还是具有积极的进步意义的。

二是"示之以威信"。与仁义不同，威信更多地依靠一种强大的威慑力，正所谓"文武之道，一张一弛"。如果说仁义是用来安抚人心，让百姓感到帝王的关怀，那么，威信则是一种权威的张扬，让百姓乖乖地匍匐在帝王的脚下，二者相得益彰，不可偏废。综观历史上成功的帝王，无不采取"两手抓"的策略。

三是"去其苛刻，不作异端"。古人做事向来遵循规矩，这种做法固然容易导致墨守成规，但是，其长处在于保证国家处于平稳的状态。

现代管理思想往往强调冒险与创新精神，看起来与此相矛盾，其实在本质上是一致的。冒险并非是盲目、不计后果地瞎闯，而是在深思熟虑的情况下进行大胆创造。而这种创造的成功正是建立于前期稳定工作的积累，如果没有不间断的积累,那么,又何来出其不意的成功创造呢?

行动指南

第一,要以仁爱之心对待员工,要以诚信感动员工。

第二,要树立威严和诚信的形象。前者指的是领导在关爱员工的同时,不能失去领导的尊严,不能降低和扭曲自身的形象;后者指的是要讲信用,做到言出必行,建立在员工心目中的公信度。

第三,在企业开发战略上,可以冒险但是不能盲目,可以打破成规,但是不能违背科学规律。

星期三

灾害不生

林深则鸟栖,水广则鱼游,仁义积则物自归之。人皆知畏避灾害,不知行仁义则灾害不生。

——《贞观政要·仁义第十三》

【译文】

树林茂盛了鸟儿就会来栖息,河水广阔了鱼儿就会来游弋,仁义积累得深厚了百姓就自然会归顺。人人都知道畏惧躲避灾难,但是并不知道施行仁义就能够使灾害不再发生。

笔 记

唐太宗以历史政治家的敏锐眼光,洞察人心向背。在他看来,人人皆有避害趋利的本性,仅仅通过防范和躲避固然可以避开祸患,但是毕竟不是最好的办法。只有尽其仁义之心,才可以从根本上培养防范灾害的土壤,防患于未然。其思想深刻而合理之处在于:

一是唐太宗采用了正面引导的方式,换取百姓对君王的信任,而并非简单粗暴的惩戒打压。这正如治水采取疏导和填堵两种截然不同的方式,其效果也完全不同一样。通过仁义的积累,自然就换取了百姓对君王的信任;相反,如果简单打压惩治,固然可以压制百姓让其敢怒而不敢言,但是,最终换取的天下太平只能是一种假象。

二是对于灾害,人人唯恐避之不及,但是,与其躲避灾害,不如创造条件最大限度地消除一切灾害发生的因素,或者将有可能发生的灾害扼杀在萌芽阶段。这就是唐太宗让灾害不生的第二个诀窍。

现代管理者常常需要直面市场风险和金融危机,其中固然有企业者本人无法掌握和控制的因素。但是,如果采取积极有效的对策,加强自身抗风险能力,无疑就做到了唐太宗所说的灾害不生。

行动指南

制定有效的防范措施,应对各种市场危机。但这不是以躲避防范作为企业生存的目的,而是通过消除各种有可能诱发危机的因素,创造各种有利条件,确保企业在竞争中尽可能减少危机的冲击。

星期四
常令相继

夫仁义之道,当思之在心,常令相继,若斯须懈怠,去之已远。犹如饮食资身,恒令腹饱,乃可存其性命。

——《贞观政要·仁义第十三》

【译文】
仁义之道,应该牢记在心里,经常让它持续不断,如果有稍微一点的懈怠,就会远离仁义。这就好像人饮食是为了保养身体,常常使肚子吃饱,才可以保全生命。

笔 记

唐太宗多次谈到仁义之道,可见仁义在其治国思想中的重要地位。在这里,唐太宗对于仁义之道的理解与此前并不相同,主要表现在:

一是强调了仁义之道的"当思之在心"的理念。在古人看来,"仁义"二字说起来容易,做起来难。因此,能否在行动上体现出仁义,才是衡量一个人是否真正贯彻了仁义之道的关键。其实不然。一个人在实践上体现出来的仁义固然重要,但是行动本身却来自于人内心对此的认识程度;换言之,当一个人对仁义之道认识并不深刻的时候,虽然在行动上也会付诸实践,但是,终究会浅尝辄止或虎头蛇尾。因此,只有内心牢记仁义,才有可能为此后实践发出"终极指令",其意义当然不是一般的行动可以同日而语的。

二是"常令相继"。正如今人所说的,做一件好事不难,难得的是一生做好事。同样,一个帝王施行一次仁义并不难,但是,始终保持自己拥有仁义之心,那就不容易了。孔子也曾如此感叹仁义之难,唐太宗为此指出了一条行之有效的路径。这就是在心里牢记之后,然后坚持行动上的"常令相继",这样日复一日,就可以保持仁义之心常在。

行动指南

在思想意识上,把仁义之道作为企业生存的根本,以及自己做人的根本。同时,坚持仁爱之心,贵在坚持不懈,应该建立各种有效的监督机制,督促领导者不敢懈怠。

星期五
在君礼之

在君礼之而已,亦何谓无人焉?

——《贞观政要·忠义第十四》

【译文】

　　这关键是看国君如何对待臣下,怎么能说现在没有这样的忠臣了呢?

笔 记

　　贞观十一年(637),唐太宗对群臣讲述了一个臣下对君主忠义的故事:春秋时期,卫懿公被北方民族狄人所杀,狄人吃光了他的肉,只留下他的肝。卫懿公的大臣弘演就挖出自己的肝,把主人的肝放进自己的腹中。唐太宗感慨昏庸的卫懿公手下居然有如此忠义的大臣,于是感叹如今要找这样忠义之臣,恐怕已经没有了。

　　魏徵听完唐太宗的讲述后,回答太宗说:"大臣是否对君主忠义,要看君王对待大臣的态度。"并为太宗讲述了豫让为智伯报仇的故事:春秋时期,豫让为智伯报仇,刺杀赵襄子失败被抓,赵襄子问豫让,你最初的主人就是被智伯杀死的,你后来投靠了智伯,但是,现在为什么不替你最初的主子报仇杀智伯,却要为后来的主子智伯报仇来杀我呢? 豫让回答说,我以前侍奉的主人,以普通人的态度来对待我,所以,我也要像报答普通人一样来报答他们。后来的智伯以国士一样来对待我,所以,我也要用国士一样的态度来报答他。魏徵由此总结说,臣下如何对待国君,关键在于国君如何对待臣下的态度。言下之意,只要唐太宗做到真诚对待臣属,臣属也会像弘演、豫让一样对待他的。

　　魏徵的"在君礼之",一方面,暗示了太宗在对待大臣上尚没有达到古人对待臣属的真诚程度;另一方面,也说明了如何发现和培养忠义大臣的秘诀,这就是用真诚换取忠义。

　　现代管理者往往喜欢部下对公司忠诚,但是,在金钱利诱面前,员工们的忠诚往往有很多的水分。如何让员工做到忠心不二,是现代管理者需要好好反思的地方,或许可以听听魏徵对唐太宗的建议了。

行动指南

　　真诚待人,真诚关怀员工,不要简单依赖金钱收买人心。既然员工能够因为你的金钱而对你效忠,同样,也可以因为他人的金钱而对别人效忠。

星期一
公 正

　　用人但问堪否，岂以新故异情？凡一面尚且相亲，况旧人而顿忘也！才若不堪，亦岂以旧人而先用？

——《贞观政要·公平第十六》

【译文】

　　用人只看他能不能胜任职务，怎么能因为是新认识的人或是老熟人就态度不一样？凡是见过一面的人尚且觉得互相亲近，何况是老熟人，能一下子忘记吗？但是才能如果不能胜任职务，又怎么能因为是老熟人就优先任用？

笔 记

　　唐太宗刚刚登基之后，他原先的老部下有些人没有得到官职，而唐太宗原先的对手的部下们却得到了优先安排，他们感到非常不解，埋怨太宗。唐太宗针对他们的不解和埋怨，说了上述的话。

　　太宗认为，公平是内心公正而没有私心。丹朱、商均是尧、舜的亲生儿子，但是尧、舜却废弃他们，不将管理天下的大权授予他们。管叔、蔡叔和周武王是亲兄弟，但是管叔、蔡叔犯上作乱，周武王顺应王道诛讨他们。由此知道，治理天下的国君应天下为公，对人不存有私心，不因为关系亲近给予特殊对待，也不因为关系疏远就不予任用。诸葛亮说："吾心如称，不能为人作轻重。"诸葛亮做丞相的时候，曾经上表将廖立、李严削职为民，可是，诸葛亮死后，廖立哭泣说："我们恐怕要亡国了。"李严则悲伤得发病死去。诸葛亮执政，推诚相见，开诚布公，真正做到公平、公正，连被他惩罚的人也如此尊敬他。唐太宗完全根据大臣们的能力安排职务，而不因为曾经身为自己的下属就给予特殊照顾。

行动指南

任用人才时要做到公平,必须严格依照能力与职位相匹配的原则,不能因为关系的亲疏远近"开后门"、搞特殊。

星期二

慕 善

朕今每慕前代帝王之善者,卿等亦可慕宰相之贤者。若如是,则荣名高位,可以长守。

——《贞观政要·公平第十六》

【译文】

我如今很羡慕前代的圣明帝王,你们也应该学习仰慕前代贤能的宰相。如果能够这样,那么荣耀的功名和崇高的职位就能够长久保存了。

笔 记

贞观二年(628),唐太宗和大臣房玄龄等人谈论历史上的贤相,奉劝臣下多多向历史上的贤能宰相学习效仿,不仅可以尽职为国,还可以保全职位。在我看来,唐太宗号召臣下"慕相"包含着深刻的现代管理学思想:

一是最高管理者本人应该向历史上有成就者学习。这既表明唐太宗难能可贵的谦逊品质,也表达了传承历史成功经验、借鉴前贤先进经验的科学观念。

现代管理者在成功之后,往往大肆夸耀创业如何艰难,以此显示自己能力超人一等。其实,这不仅暴露领导者本人素养的低下,同时,也说明他们对历史上成功人物的无知。

二是教育属下仰慕效仿历史上贤能之人。"正人先正己",唐太宗教育臣下仰慕学习历史上的贤臣,与一般帝王每每敦促大臣们尽心尽职,看起来并无二异。但是,唐太宗此举令人叹服之处在于,他做到了正人先正己,既然自己已经做到了向明君学习,那么,臣下当然有义务好好效仿贤相了。

如果放在今天的管理学领域,唐太宗此举要比今天许多管理者高明得多,无数的管理者习惯于要求员工,而自己反省却不足。因此,这样的说教根本无法让员工信服,当然也就没有任何效果可言。

三是唐太宗真实客观地告诉臣属,仰慕前人并非全在于为公,还在于保存自身。正如当下管理者往往要求员工只为公司贡献,而不去考虑员工自身利益一样,这样的宣传无法提高员工积极性。太宗把臣下自身利益摆在了正确的位置上,这时,这种仰慕前人的号召就不再是纯粹的口号了。

行动指南

号召员工向有成就的杰出人才学习时,首先需要自己摆正心态,只有敢于承认自身不足,才能真正把慕贤思想贯彻到位。同时,要把这种仿效学习和员工们自身利益关联起来,不要流于漂亮的口号。

星期三
理国要道

臣闻理国要道,在于公平正直。

——《贞观政要·公平第十六》

【译文】
臣听说,治理国家的关键,在于公平正直。

笔 记

帝王们为了实现治国的目的,往往不惜玩弄权术,甚至实施政治阴谋,从秦始皇的焚书坑儒,到刘邦、朱元璋的诛杀功臣,无不充满着血腥。

相对于历史上这些富于算计和阴谋的政治家而言,唐太宗继承皇位本身就是一次巨大的政治阴谋。"玄武门之变"在为唐太宗夺得帝王宝座的同时,也给他蒙上了不光彩的一面。作为唐太宗最得力的谋臣房玄龄,当然对于主子的为人心知肚明。因此,当唐太宗大讲治国之道,表白自己如何效仿仰慕此前圣君,并劝勉臣子们也像他一样仰慕效仿前代名臣之时,房玄龄聪明地回答说,治国之道的关键在于公平正直,其中大有深意。

一方面,房玄龄的主观意图在于告诉唐太宗,想让国家太平久安,帝王必须保持高洁的品格,做到有功必赏、有过必罚,这才是帝王治国之道的根本。另一方面,房玄龄在客观上揭示了帝王治国之道的一个秘诀,那就是企图通过政治欺骗、阴谋权术来实现国家太平的思想,也许在短时间内有作用;但是,从长远来看,这是靠不住的。

现代商战中并不乏商业欺骗、物质诱惑等不光彩手段,其中固然有许多成功人士和成功企业。但是,在市场规律约束下,这些终将露出破绽并失败。究其原因,没有懂得房玄龄劝谏太宗的"理国要道,在于公平正直"。

行动指南

优秀的企业管理者应该富有智慧,但是不应该把聪明用在玩弄权术、欺骗阴谋上。正直的品格固然不能为企业带来一时的效益,但是,最终会被市场认可。

星期四
善善恶恶

臣闻为人君者,在乎善善而恶恶,近君子而远小人。善善明,则君子进矣;恶恶著,则小人退矣。

——《贞观政要·公平第十六》

【译文】
臣听说做君主的关键在于喜欢好的而厌恶坏的,亲近君子而远离小人。鲜明地喜欢好人好事,君子就会进用;明确地反对恶人坏事,小人就会退缩避让。

笔 记

君子对待好人坏人的态度,一方面,直接关系到选拔任用人才是否恰当;另一方面,与君王个人品性道德也存在千丝万缕的关联。

作为唐太宗的得力助手和主要谏官,魏徵的谏言可谓关涉整个大唐帝国政策的实施。当时的唐太宗正为宦官常常蒙蔽君王甚至违法乱纪而气愤不已,魏徵提出杜绝宦官外出办事的建议,无疑解除了唐太宗的心腹大患。这是魏徵谏言"善善恶恶"的现实背景。

在魏徵看来,君主应该亲近善人、远离小人,因为这不仅可以让宦官充当使者的恶劣作风被有效压制,还可以在全国形成善人进用、恶人退缩的良好风尚,其意义当然远非用人是否得当可以涵盖的。

事实上,我们今天的企业管理者,往往面临着类似的问题,领导者因为种种原因信任了小人,远离了德才兼备的人才,导致的结果并不是一个职位被荒废,而是整个团队风气的败坏。

行动指南

不要把亲近贤才、远离小人放在口头上。首先需要学会如何辨别和区分哪些是善人、哪些是恶人。在区分辨别善恶的基础上,摆脱情感喜好,坚持善善恶恶的用人原则。

星期五
慎待小善小恶

小人非无小善,君子非无小过。君子小过,盖白玉之微瑕;小人小善,乃铅刀之一割。铅刀一割,良工之所不重,小善不足以掩众恶也;白玉微瑕,善贾之所不弃,小疵不足以妨大美也。

——《贞观政要·公平第十六》

【译文】

　　小人并非没有小小的长处，君子也不是没有一点点的小错。君子小的过错，就好像是白玉上小的瑕疵；小人的一点长处，就好像用铅刀割一下的效果。铅刀割一下的效果，良匠并不会重视，因为一点的长处不足以掩盖整体的缺陷；白玉虽然有小的瑕疵，精明的商人并不会因此抛弃它，因为小的瑕疵不足以影响美玉整体的美。

笔　记

　　人无完人。虽然这个简单的道理谁都明白，但是，真正能够在现实中实践这个思想的，往往非常困难。

　　一方面，我们每个人都要受到自己情绪好恶的影响。即使知道某个人是小人，但是，因为个人主观情感的喜好，却偏爱之。同样，即使知道对方是君子，也很可能因为自己对这个人"感觉不爽"，往往避而远之。

　　另一方面，人的相貌丑俊、性格好坏、能力高下等，并不因为君子和小人的区分而泾渭分明。让我们理性接受的君子，往往引发我们情感上的失望；让我们排斥的小人，往往春风得意。

　　如此看来，房玄龄给唐太宗的上述谏言，具有特殊的启示意义：

　　一是透过现象看本质。小人和君子在现实生活中的表现，我们都会耳闻目睹。君子非圣人，不能避免过错；小人非魔鬼，也不乏小善。如果我们仅仅根据他们表现出来的小恶小善来判断他们，就掩盖了他们的本质。

　　二是人的道德品行与功过无关。人们常说勿以成败论英雄。但是，成败功过对每个人的形象都具有极大的影响，往往因为这个原因，我们把道德品行和事业成功画上等号。房玄龄的话足以让今人对此警醒。

行动指南

　　要看清员工的两张"面孔"：一是人品道德的面孔，二是能力的面孔。既不要被工作上的小恶、小善而掩盖人品，也不要因为人品而完全取代工作上的功过。

星期一
扬人之善

君子扬人之善,小人讦人之恶。闻恶必信,则小人之道长矣;闻善或疑,则君子之道消矣。

——《贞观政要·公平第十六》

【译文】
　　君子称赞别人的好处,小人攻击别人的缺点。听说别人的缺点就深信不疑,这样小人攻击别人的手段就增长;听说别人的优点就感到怀疑,这样君子扬善之道就减少了。

笔　记

　　君子扬善,小人施恶,魏徵对唐太宗的谏言,其实早已经是中国数千年经验的总结。因此,魏徵所言的第一层意思仍然属于"旧事重提",问题的关键在于魏徵劝谏的第二层意思,即对待善恶的不同态度对君子和小人之道的影响十分深远。

　　一是"闻恶必信"。对于他人身上缺点的言论,人们往往深信不疑,唯恐避之而不及。即使是君王,也难免落入俗套。但是,魏徵此言的适用范围,显然超出了帝王个人。我们身边每个人,固然不能说个个听到他人缺点就深信不疑,但是不乏对他人的缺点和不足津津乐道的人。由此导致的后果则是"小人之道长矣"。既然大家都对他人缺点感兴趣,那么,小人们的谗言攻击自然有了滋生的土壤和广阔的市场。

　　二是"闻善或疑"。人们往往出于妒忌自私之心,对于他人的优点和长处多有怀疑。长此以往,君子之道被堵塞,小人嚣张气焰日炽,最终往往是"君子之道消矣"。

任何一个团队内部的人际关系都并非铁板一块。对于相互攻讦之言,管理者究竟应该采取什么样的态度? 魏徵向唐太宗提出的"扬人之善"也许可以提供足够的借鉴。

行动指南

君子成人之美。除了当面肯定员工的成绩,还应该在私下里多夸耀员工的能力和品德,塑造整个团队扬人之善的良好风气。对待他人反馈的员工们善恶的评价,不能听到员工缺点的评价就深信不疑,而听到优点的赞誉就怀疑是否是编造的。

星期二
同 德

夫以善相成谓之同德,以恶相济谓之朋党,今则清浊共流,善恶无别,以告讦为诚直,以同德为朋党。以之为朋党,则谓事无可信;以之为诚直,则谓言皆可取。此君恩所以不结于下,臣忠所以不达于上。

——《贞观政要·公平第十六》

【译文】
用善相互成全叫做"同德",用邪恶互相帮助叫做"朋党",现在却清浊合流,善恶不分。把告密攻讦他人当作诚实正直,把同心同德看作是结党营私。把同心同德看成是结党营私,就认为他们所做的事没有什么可值得相信的;把告密攻讦他人当作诚实正直,就认为他们所说的话都可以听取。这样就会使得国君的恩惠不能施行于臣下,臣下的忠心也不能表现给国君。

笔 记

同心同德对于治国之道的意义不言而喻。魏徵提出的同心同德,其意义可以分成如下几个层面:

一是同德。在魏徵看来，君臣同僚之间都采取善意的态度成全对方，是为同德。这里重要的不是相互帮助，而是帮助者之间坦荡无私。在利益冲突的情况下，帮助对方往往意味着自身的利益受到损失。所以，成全对方无疑是把整个团队看成一个整体，把自己的利益融入整个团队。

二是同德和朋党的区别。从表面上看，同德和朋党都是相互帮助，但是，二者的本质不同。同德不仅在于帮助对方，还在于采用了君子之道，是光明正大的行为。而朋党则是为了一小撮人的利益而不惜损人利己的自私行为，名为帮助对方，实际为帮助自身。

三是慎重对待同德和朋党。魏徵痛陈不要混淆同德和朋党，把同德当作朋党，则导致忠言无法传达给国君；把朋党当作同德，则奸人当道。

现代企业管理者常常宣扬团队精神，其实，每个大团队中都存着"小团队"，他们究竟是共同奋进的同德还是损人利己的朋党，需要领导者仔细辨别、分别对待。

行动指南

鼓励员工相互帮助，但是，要注意不让员工的同德互助沦落为朋党；鼓励员工坦诚直言，但是，不要让员工的直言成为相互揭发的攻讦。

星期三
罚不致理

然则仁义，理之本也；刑罚，理之末也。为理之有刑罚，犹执御之有鞭策也。人皆从化，而刑罚无所施；马尽其力，则有鞭策无所用。由此言之，刑罚不可致理，亦已明矣。

——《贞观政要·公平第十六》

【译文】
仁义是治国的根本，刑罚是治国的末事。用刑罚来治国，就像用鞭子赶马车。百姓们都服从了教化，刑罚也就无处可施了；马匹能自觉尽力奔跑，鞭子也就没什么用处了。因此，刑罚不能使国家太平的道理，也就很明显了。

笔 记

仁义治国之道由来已久。但耐人寻味的是,无论是孔子时代的诸侯列国,还是此后的历代封建王朝,大多都把仁义放在口头上,都没有从根本上实行仁义治国之道。其中的原因当然很复杂,但是,有一点是无可置疑的,那就是古人并不是不想实行仁义治国之道,只是受制于各种特定情况或原因,而往往无法遂愿罢了。

那么,仁义治国究竟有何巨大的魅力,能够让历代帝王谋臣念念不忘呢?

魏徵给太宗的谏言,表明仁义治国之道的一个重要方面在于理解仁义和刑罚之间错综复杂的关系。

一是仁义治国并不排斥刑罚,但是,仁义为本,刑罚为末,本末不能倒置。如果以刑罚作为治国之本,那么,不仅远离了仁义治国之道的宗旨,还把仁义治国引向了暴君灭亡之道。

二是刑罚的最终目的在于帮助仁义治国,换言之,治国的最终目的就是要消除刑罚。这正如魏徵以马鞭比喻刑罚一样,当马儿自觉奔跑之后,马鞭就没有了用武之地。那么,当国家实现仁义之后,刑罚自然也就没有了市场。

三是仁义治国并不是从一开始就抛弃刑罚,而是需要刑罚作为手段。这样我们不难理解为什么古代帝王屡屡赞同仁义但无法施行的根本原因了,即在弱肉强食的武力纷争时代,帝王们担忧仁义治国会导致国破身亡的下场。其实,并非仁义治国之道有问题,而是他们把仁义狭隘化,没有正确认识仁义和刑罚的关系。

现代企业大都强调严密的分工和严格的规章制度,对待犯错误的员工往往严厉惩罚。这固然能够警示员工,但是,却无法从根本上杜绝此类问题的再次发生。这或许与现代管理领导人没明白"刑罚不可致理"有密切的关系。

行动指南

坚持仁义的同时,并不放弃相配套的惩罚措施,但是,不应该把惩罚作为管理员工的目的,惩罚仅仅是一种工具和手段。

星期四

善恶在于君

德者，所以修己也；威者，所以治人也。民之生也，犹铄金在炉，方圆薄厚，随溶制耳！是故世之善恶，俗之薄厚，皆在于君。

——《贞观政要·公平第十六》

【译文】

道德，是用来约束自己的，权威，是用来统治他人的。人的生长过程如同金属在炉中冶炼，方圆薄厚都随着冶金工匠的需要而确定。所以，世道的善恶，风俗的薄厚，都取决于国君的作为。

笔　记

"严以律己，宽以待人。"先秦圣贤要求德化修身，但是，对待修身立德，古人崇尚的是对待自己严格要求，而尽可能地宽容他人。如果从修身齐家治国平天下的角度来说，统治者修身立德与否，就直接关系到能否平天下的治国之道了。

上面的这段话，其核心意义不外乎如下几点：

一是德修己、威治人。古代圣哲向来要求对内修身、对外树威，其合理意义在于，道德修身是基础，通过修身养性，自然可以对外树立威信。而一个帝王修身养性的最终目的并非是个人道德的完善，而是能够治国平天下。因此，所谓的权威是用来统治他人的，只能作为一种手段或工具。

二是个体成长的过程取决于后天改造。古人宣扬"普天之下，莫非王土，率土之滨，莫非王臣"，身为天下百姓之父母的帝王，当然就成为改造天下人民的管理者。如果把天下比作一个巨大的熔炉，那么，帝王就是操控整个熔炉的冶金工匠，天下百姓能否在这个熔炉中得以成才，完全取决于工匠的水平。

三是世风善恶、人情冷暖皆取决于帝王对内修身、对外树威。唐太宗在成功夺取政权之后，为了稳固江山，坚持善待人才，为此他在宫城西边修建了一座文学馆，专门用以接纳四方的文士。凡是博学之士，皆可前来投奔。而唐太宗不仅为他们提供优厚的待遇，而且常常和他们一起探讨学习，这对唐太宗自身修养的提高以及朝臣德行的养成产生了积极的影响。

行动指南

　　用规章制度约束员工的时候，对自己进行道德约束；对员工实行权威的时候，反省自己德行是否与权威相称。

星期五
勿上下通相疑

　　有司以此情疑之群吏，人主以此情疑之有司，是君臣上下通相疑也，欲其尽忠立节，难矣。

　　　　　　　　　　　　　　——《贞观政要·公平第十六》

【译文】

　　主管部门因为这种人情而怀疑官吏们徇私枉法，君王又因为这种人情而怀疑主管官员营私舞弊，这样君臣之间上下相互猜疑，要想让臣子们竭尽忠心，树立节操，难啊。

笔　记

　　古人有言"官官相卫"，岂不知官僚集团内部钩心斗角、派系斗争更甚。由于人情无处不在，部门之间往往因为这个而相互怀疑，这其实正说明了人情在现实社会生活中的巨大影响力。同时，魏徵也以此劝诫帝王，即使太平盛世，也无法杜绝官场中的人情钻营。这是劝谏的第一层意思。

　　不仅如此，君主和臣属之间还存在着相疑的问题。最高统治者一旦怀疑官员们结党营私，并且无法采取有效措施得以验证，那么，整个官僚集团内部就形成了一种恶性循环，这就严重动摇了统治基础。

　　当下，无数管理者处处留心各个部门负责人是否忠诚，而部门负责人也往往怀疑上级是否真诚待己。其实，无论是整个团队的最高领导还是基层干部，都没有任何的证据来证实猜忌，而仅仅是出于对世俗社会人情的忌惮。这样，整个团队当然无法取得很好的业绩。

行动指南

应该修身立德，而不是以权压人。

星期一
重赏轻罚

　　夫赏宜从重,罚宜从轻,君居其厚,百王通制。刑之轻重,恩之厚薄,见思与见疾,其可同日言哉!

——《贞观政要·公平第十六》

【译文】
　　奖赏应该从重,惩罚应该从轻,君王应该宽厚仁义,这是历代君王通用的规矩。刑罚的轻重,恩情的厚薄,让百姓想念还是让百姓痛恨,这两种做法怎么能够同日而语呢?

笔　记

　　古语云:"重赏之下,必有勇夫。"奖赏对于人的积极性的刺激,并不仅仅在于满足物质需要,还在于满足每个人的荣誉感(哪怕只是为了满足虚荣心)。所以,历代帝王对臣下的奖赏,成为行之有效的惯例,不仅以此唤起臣下为主子卖命的热情,还成就了帝王赏罚分明的荣誉。魏徵劝诫太宗重视赏赐正是建立在这个合理的意义之上的。

　　有赏必有罚。惩罚同样可以刺激人上进。不同的是,惩罚刺激人上进是因为每个人的内心都存在着畏惧的心理,而且,对犯错误者进行惩罚,也能够让被奖赏者的成就感和自豪感更为强烈。但是,与从重奖赏相比,惩罚并不宜太重。当对于人的惩罚过于严厉,已经超出了一个人能够承受的心理极限之时,破罐子破摔的念头就会彻底消解惩罚警示人的意义,因为惩罚的目的并不是要消灭一个人,而是要挽救一个人。由此,魏徵说"罚宜从轻"。

　　在奖赏从重、处罚从轻的利害关系比较中,我们很容易获得这样一个道理,就是君王治国应该坚持宽厚仁义,否则,只能导致轻赏重罚。

现代企业往往制定诸多相关规章制度作为奖惩标准,但是,究竟孰重孰轻,却没有比较权衡的标准。魏徵劝诫太宗重赏轻罚的管理思想,可以成为参考。

行动指南

在按照规章制度奖惩员工时,需要注意:第一,奖励从重,惩罚从轻。第二,多鼓励,少批评。

星期二
无不可理之民

臣又闻之,无常乱之国,无不可理之民者。

——《贞观政要·公平第十六》

【译文】
我又听说,没有一直混乱的国家,也没有无法治理的百姓。

笔 记

早在孟子时代,就有"民为贵,社稷次之,君为轻"的民本思想。

魏徵在这里又提出了宝贵的"无不可理之民者"的论断。其现代启示意义有二:

一是"无常乱之国"、"无不可理之民"。并非国家没有长期混乱的状况,百姓没有不可治理的情况。综观中国古代历史,国家处于长期混乱分裂的情况屡见不鲜,甚至有"分久必合,合久必分"的历史规律。因此,此处所谓的国家无常乱、民无不可理,并非前面所说的状况,而是指国家是否混乱、百姓是否教化都取决于统治者的治国之道。

二是"无不可理之民",强调了治国之道存在着方法上的优劣高下之分。不遵循治国之道,国家必然混乱,人民也就难以治理。君王的职责就在于让国家无乱,让百姓不再无法治理,这既是帝王的责任,同时更是魏徵等臣下们对太宗的劝勉和希望。

今天,许多管理者要么批评接管的企业为不可救药的"烂摊子",要么指责员工素质太差不可理喻,而不去反省作为领导本来就有义务让烂摊子起死回生,让员工同心同德。试问:治理一个企业难度再大,能比治理一个国家更难吗?

行动指南

正视现实困难,而不是抱怨困难太多,推卸领导责任。

星期三
罪　己

今罪己之事未闻,罪人之心无已,深乖恻隐之情,实启奸邪之路。

——《贞观政要·公平第十六》

【译文】

现在君王们责备自己的事情没有听说过,而责备臣下之心不已,这就深深违背了君王应怀有恻隐之情的原则,并且开启了奸邪之路。

笔　记

古代帝王手中握有至高无上的权力,即使因为自己处理不慎而导致了严重的后果,帝王们也可以把责任推卸给大臣。因此,自古以来,很少有帝王们愿意承认自己的错误。魏徵此言无疑在告诫太宗,不能因为自己特殊的身份而否认自身不足的现实。

既然一个人不能从自己身上发现错误和问题,那么,就必然导致"罪人之心无已"。不仅帝王们常常这样,这也是天下人普遍具有的缺点。为此,需要加强自身道德修养,学会宽以待人。魏徵此言的深刻含义在于,不仅应该对自己严格要求,还要对别人宽容。否则,仅仅严格律己而不宽容他人,对于天下百姓而言并无根本的恩惠。

行动指南

在指责他人犯错之前，需要反省自己应该承担的责任，这样既有利于公正处理问题，也堵塞了奸邪之路。

对待他人，少一点责备，多一点宽容，不仅是为了整个团队和谐关系的建立，更是从根本上坚持管理者本应该具有的恻隐之心。

星期四
源浊勿望水清

流水清浊，在其源也。君者政源，人庶犹水，君自为诈，欲臣下行直，是犹源浊而望水清，理不可得。

——《贞观政要·诚信第十七》

【译文】

流水的清浊，关键在于水源。国君是政令发出的源头，臣子百姓好比是水，如果君王自己奸诈，而要求臣子行为正直，这就好比水源浑浊而希望流水清澈一样，这是在道理上讲不通的。

笔 记

贞观初年（627），有人上书唐太宗请求消除朝内奸佞之人。唐太宗问："你如何知道哪些人是奸佞之人呢？"上书之人回答："只要陛下您假装发怒来试验一下群臣，如果不惧怕您发怒，仍然能够直言进谏的就是忠臣，如果顺从陛下情绪奉承的，就是奸佞邪恶之人。"

针对如此"引蛇出洞"的谏议，唐太宗当场表示不可。其原因在于，君王作为政令的发出者，本应该像流水之源一样保持清澈，这样才能让臣子和人民走正直之路，如果帝王自身奸诈，岂能让臣子保持忠义正直呢？

唐太宗的"源清水自清、源浊水自浊"的治国理念，相对于此前的帝王而言，是非常具有进步意义的。

今天，许多企业管理者自身喜好奸诈权术，部下员工个个敢怒不敢言，而领导却沾沾自喜自己的管理能力，殊不知这样做只能让正直员工要么离开，要么同他一样。

行动指南

只有管理者自己正直无邪，才能让员工们以此为榜样。

星期五
言而有信

然而言而不行，言无信也；令而不从，令无诚也。不信之言，无诚之令，为上则败德，为下则危身。虽在颠沛之中，君子之所不为也。

——《贞观政要·诚信第十七》

【译文】

如果说出的话而不实行，这就是言而无信；法令制定而不遵从，这就是没有诚意。不被实行的言语，没有诚意的法令，对国君来说就会败坏道德，对百姓来说就会导致杀身之祸。即使在颠沛流离的情况下，有德有才的君子也不会这样做的。

笔　记

孔子说："自古皆有死，民无信不立。"自古至今，诚信做人是一贯的道德准则。贞观十年（636），魏徵上书唐太宗讲述做人应该言而有信，其中意义可以分成如下几层：

一是"言而不行"则无信。古人说覆水难收，故君子应慎言慎行。这并非是对语言修辞的过分苛刻，而是对于话说出去能否兑现的谨慎态度。天下百姓如此,帝王更应该树立言而有信的道德形象。这是治国的基本原则。

二是"令而不从"则无诚。国有国法,家有家规。国家制定法规就需要天下人共同遵守,但是,由于人情裙带关系等原因,往往是法律面前天下人并不平等。由于法规是帝王将相们制定的,如果无法公平遵守必然让天下人对制定法律的诚意表示怀疑。此所谓有令不行、诚意尽丧。

三是"不信之言、无诚之令"祸患无穷。不讲信用、不遵守法令,既表明立言者、立法者本人道德品行的低下,同时也形成巨大的祸患,即所谓"为上则败德,为下则危身",这就造成了民众对国君的信任危机。

企业中,管理者往往要求员工做人讲信用、做事遵守规定,但是,领导者自己往往许诺之后却不兑现,甚至信口开河。违反企业规定的人员,往往因为和领导关系亲近,或者领导个人的好恶,而出现了有法不依的不公平情况。这确实需要现代企业领导者好好反省。

行动指南

第一,领导不要对员工轻易许诺。做不到的事情不要许诺,能做到的要及时兑现诺言。

第二,在小事上更要注意言而有信。细节决定成败,细节更决定员工对领导的信任程度。

第三,对待违反企业规章制度的员工,要做到规则面前人人平等,不掺杂任何各人好恶,要就事论事。

常怀畏惧

星期一

积累诚信

自王道休明，十有余载，威加海内，万国来庭，仓廪日积，土地日广。然而道德未益厚，仁义未益博者，何哉？由乎待下之情未尽于诚信，虽有善始之勤，未睹克终之美故也。其所由来有渐，非一朝一夕。

——《贞观政要·诚信第十七》

【译文】

自从王道美好，有十多年了，威力遍及全国，万方来朝拜，国库一天天充实起来，领土天天扩展。但是道德没有更加深厚，仁义没有更加广博，为什么呢？因为对待臣下的态度没有完全诚实守信，纵然做事有良好开端，却不见得能善终。它的形成是逐渐的，非一朝一夕就可。

笔　记

人的诚信、组织的诚信，不是一朝一夕就可以树立的，需要长期的积累。诚信是助你取得事业腾飞的翅膀。想要使别人充分相信自己，必须经过相当漫长的时间。兑现许诺过的每一件事，诚心诚意，让人无可挑剔，才能慢慢地培养出信用。

诚信虽然来之不易，但失去却非常快，长期守信得来的信用，很可能只因为一次失信就人格破产。所以，务必珍惜诚信，不要轻易做出有失诚信的事情。不要轻易承诺，承诺就必须兑现。

行动指南

珍惜诚信，承诺的事情一定要兑现，绝不能在事情开始之前说得很好，却不能将所说的话落到实处。

星期二
着眼长远

夫中智之人，岂无小惠？然才非经国，虑不及远，虽竭力尽诚，犹未免于倾败。

——《贞观政要·诚信第十七》

> 【译文】
> 一般水平的人，哪里没有小聪明？但是他们没有经国济世的才能，考虑问题不能作长远打算，即使竭尽力量和忠诚，还是不能避免国家覆灭衰败。

笔 记

这段话是魏徵在贞观十年（636）给唐太宗的谏言。魏徵强调，国家治理关系到子子孙孙长远利益，如果不具有长远的眼光，只顾眼前利益，即使竭尽全力，其结果只能是错得更严重。

管理学大师彼得·德鲁克说，"做正确的事"比"正确地做事"更重要。管理者的决策代表着组织的集体意志，涉及组织成员的集体利益。换言之，管理者的决策影响巨大。因此，管理者做任何一项重大决策都应当格外慎重，不能鼠目寸光，应当考虑长远利益。

行动指南

制定决策时必须考虑长远利益，不可急功近利，不可为了牟求短期利益做出损害国家、社会或其他组织、个人的事情。

星期三

顺 物 情

自古帝王凡有兴造,必须贵顺物情。

——《贞观政要·俭约第十八》

> 【译文】
> 自古以来,帝王们凡是兴建工程,必须充分重视顺应民心。

笔 记

唐太宗能够从关心民生的角度出发,认识到大兴土木会带给百姓沉重的负担,这在历史上的帝王中间还是相当难能可贵的。

一方面,自古帝王虽然"凡有兴造必顺物情",但是,这仅仅是针对那些君子式的帝王而言的。事实上,更多的帝王并不是顺应物情,从秦始皇大兴土木兴建阿房宫,到隋炀帝在扬州建造行宫,唐代以前无数帝王因穷奢极欲的生活把国家带入动乱的深渊。因此,那些头脑清醒的帝王们,无不引以为戒,谨防重蹈秦始皇、隋炀帝的覆辙。唐太宗在天下大治之时,断然停止自己筹划很久的兴建宫殿的计划,这对于一个帝王而言,并非简单的事情。

另一方面,所谓顺应物情,不仅包括不违背民心,不去兴建那些劳民伤财的物情;还有非常重要的一点,即要顺应民心,去兴建有利于人民生活改善的工程。正如唐太宗自己说的,大禹治水耗费天下无数民力,但是,人民没有任何怨言,因为这是一种顺应民心物情之举措。

可见,问题的关键并不在于是否动用民力兴建土木,而在于兴建的工程是否为了人民。如果仅仅为了满足统治者自己的享受,那就是违背物情;如果是为了人民利益,那么,再大的工程也都是值得去做的。

今天,许多企业在取得成绩之后,往往大肆添置购买办公奢侈品,名义上是为公司发展,实际上是领导自己享受,不仅耗费资金,还弄得员工怨声载道。如果领导者能够从唐太宗的"顺物情"思想中自省,那么,就明白如何去处理这些事情了。

行动指南

顺应整个公司或团队的利益，有损整个企业员工利益的工程不应考虑；相反，如果有利于整个公司或团队切身利益的工程，即使再浩大，也属于顺应民心之举，应该坚决支持。

星期四

自　节

朕尊为帝王，富有四海，每事由己，诚能自节。若百姓不欲，必能顺其情也。

——《贞观政要·俭约第十八》

【译文】
　　我身为尊贵的帝王，拥有天下财富，每件事情都是由我说了算，但我真的能够节制自己。如果天下百姓不想做的事情，我一定能够顺应民意。

笔　记

　　"自节"是唐太宗对大臣们讲述帝王应该在尊贵之中保持理性的头脑，做到克制自己，心系百姓利益的经验之谈。虽然其中多少有点自我吹嘘卖弄的味道，但是，无论从历史上唐太宗创造的历史功绩，还是从此言的恳切真诚来看，都是非常值得今人好好反思的。

　　自节首先要自觉。帝王身为天下人的衣食父母，应该以君子之德慎重对待这个职位。正如太宗所说："尊为帝王，富有四海，每事由己。"那么，如何才能让自己不滥用权力呢？虽然国家也制定了一系列相关法规，例如谏官可以监督皇帝行为，但是，如果帝王们一意孤行，谁也无法阻止。只有帝王们自身自觉，才有可能实现自节。

　　自节还需要节欲。帝王既然富有四海，那么，出于人的感官生理本能的正常需求，更容易追求奢侈享受，这就需要自己克制欲望。这当然不是禁欲，而是要考虑欲望本身与百姓利益之间的利害冲突问题。一旦自己的欲望是建立在百姓痛苦的基础上,那就应该克制消除;如果与百姓利益并不冲突,那就属于合理消费了。

现代企业领导中有诸多所谓的"成功人士",住豪宅,开豪车,穿戴名贵,出入名流娱乐场所,成为社会上人人羡慕的对象。虽然用自己的钱消费并无任何过错,但是,如果放纵欲望,不能自节,就很容易滑向堕落无耻的深渊。

行动指南

适当控制自己的情感和欲望,做到顺应欲望而不贪婪放纵,对待自己的欲望要慎思慎行。

星期五
知足与不足

为其无道,故天命陛下代之。陛下若以为足,今日不啻足矣。若以为不足,更万倍过此亦不足。

——《贞观政要·俭约第十八》

【译文】

因为隋炀帝昏庸无道,所以,上天让陛下取而代之。如果陛下以此就满足了,那么,现在的尊贵完全可以让你满足。如果陛下认为这样还没有满足,那么就算是再超过现在一万倍也不会知足。

笔 记

人的欲望是无穷的,所以古人谓之"欲壑难填",但这种情况是对一般人而言的。当年孔子赞颂得意门生颜回时说:"贤哉回也,一箪食,一瓢饮,在陋巷,人不堪其忧,回也不改其乐。贤哉回也。"由此诞生了中国数千年来被奉为圭臬的安贫乐道、知足常乐的人生哲理。魏徵对太宗申明做人应该知足的第一层含义,其深刻意义就在于应该效仿先哲的知足常乐。

古代君王拥有天下，在穷人眼里当然应该知足。但是，对于帝王而言，由于欲望已经恶性膨胀，其贪婪之心也就比一般人更为强烈，所以，历史上总有无数帝王穷奢极欲而国亡身死。这正是魏徵劝诫太宗说的"若以为不足，更万倍过此亦不足"。这是知足与不足的第二层意义。

现代企业追求商业利润的目的被恶性夸大，因为过分贪婪，往往导致许多企业被欲望冲昏了头脑而最终破产。在战略规划上，应该在追求利润的同时，不要忘记适可而止。

行动指南

应该尽最大努力去追求市场利润，但是不应该把追求利润扭曲为贪婪地独占一切。知足并不代表不思进取，而是心态平衡、不乱方寸的表现。

第二周

常怀畏惧

人言作天子则得自尊崇，无所畏惧，朕则以为正合自守谦恭，常怀畏惧。

——《贞观政要·谦让第十九》

【译文】

　　人们说做皇帝的人就可以自以为尊贵崇高，无所畏惧了。我却认为应该保持谦逊恭谨，常常心怀敬畏。

笔　记

　　贞观二年（628），唐太宗对群臣直言，虽然自己已经尊贵无以复加，但是，常常怀有畏惧之心。其意思可以从如下几个层面加以解释：

　　一是帝王受命于天，对人民的统治代表着天意。那么，帝王在人间的每一点作为，都受到上天的监督。虽然上天高不可及，但是，在古人心目中，上天是一直在严密注视着帝王们的一举一动。把天下治理得好，固然令上天满意；如果稍有不慎，被他人夺了天下，或者政策失误导致民怨沸腾，都会引发上天的震怒，最终受到责怪的还是帝王。

　　二是帝王虽然把匍匐于脚下的百姓当作阶级压迫的对象，但是，身为天下百姓衣食父母的帝王，应该担当起养育成千上万子民的责任。在这个意义上，人民才是帝王真正的衣食父母。帝王治国之道直接关系人民生活利害关系，即使唐太宗这样有所作为的明君，也不敢对此大意。手下的大臣们更是把监督皇帝民生政策是否得当作为职责，稍有不慎就要上书指出。在这样的情况下，难怪唐太宗心中不安地说：有这么多的大臣谋士在看着我，我哪里能不害怕呢？

　　综观太宗"常怀畏惧"之思想，与现代企业管理形成鲜明的对比。一些企业管理者自以为身为总裁、总经理,就可以为所欲为,不把任何人放在眼里。这种无所畏惧的心理和唐太宗的思想相比,实在相距甚远。

行动指南

优秀的领导要心怀畏惧:第一,对企业承担的社会历史责任心怀敬畏,把做好企业与完成社会使命联系起来。第二,对员工的监督意见心怀敬畏,应该心系员工生存幸福,不要把领导权力当作独断专行的特权。

星期二
谦 虚

己虽有能,不自矜大,仍就不能之人,求访能事。己之才艺虽多,犹病以为少,仍就寡少之人,更求所益。己之虽有,其状若无;己之虽实,其容若虚。

——《贞观政要·谦让第十九》

【译文】

自己虽然有才能,不自夸自大,仍然向没有才能的人请教他们所懂得的事情。自己虽然多才多艺,还是觉得不足,仍然向知识少的人请教,进一步求得补益。自己虽然有才能,样子像没有才能一样;自己虽然知识丰富,态度像没有知识一样。

笔 记

国君身居高位,如果凭借权位欺凌臣下,炫耀自己的才能,不愿意接受劝谏,那么必然阻塞臣下提供意见的道路,国君和臣下所遵循的原则必然相互违背。孔子说:"三人行,必有我师焉。"向比自己知识少、能力低的人请教,学习他们的长处,增益自己,这才是真正的谦虚;即使自己才识渊博,也像才疏学浅一样低调、谦逊,这才是真正的高尚。

一般而言,管理者都是组织中德高望重、才能卓著的人,学识、能力比其他成员高出一筹。但是,如果管理者因此就态度傲慢,强势地否定、批判甚至嘲笑其他成员的意见,就会严重打击他们进言的积极性。长此以往,组织就变成一言堂,除了管理者,没有谁再愿意发表自己的意见。松下幸之助总是以谦虚的态度欢迎员工给他提建议,即使非常幼稚的意见,他也耐心地听取,并且发掘其中的可取之处予以采用。

行动指南

应当以谦虚的态度向员工请教,欢迎员工提供建议。

星期三
神明玄默

夫帝王内蕴神明,外须玄默,使深不可测,远不可知。

——《贞观政要·谦让第十九》

【译文】
帝王的内心蕴藏着神明智慧,外表沉默平和,使人感到深不可测,遥不可知。

笔　记

贞观三年(629),唐太宗曾向孔颖达问起《论语》中所说的"以能问于不能,以多问于寡;有若无,实若虚"究竟如何理解。孔颖达就借助太宗的话题,讲述了有才之人向无才之人请教的原因和态度,从而指出:真正有才有德的帝王,应该做到"内蕴神明,外须玄默"。

何谓"内蕴神明,外须玄默"呢?可以从两个层面上加以理解:

一是"内蕴神明",劝诫帝王加强内在修养。孔颖达的建议其实并不新鲜,因为早在春秋时代,先哲们已经以修身养性的成人之道劝诫诸侯大王加强内蕴神明。自孔子等先哲积极倡导修身治天下的主张之后,能够在实践中加以贯彻的虽然不能说没有,但是凤毛麟角。

二是"外须玄默",劝诫帝王加强外在形象的塑造。虽然内心充满智慧,但是,从外表上看,却平静如秋水,这是何等令人敬佩的领袖形象啊!唐太宗能够创造贞观之治,其意气风发可以想象。而在孔颖达看来,真正有成就的帝王应该保持谦虚平和的外在形象,这样才能与内在智慧神明相称。

行动指南

优秀的管理者应具备深不可测的形象,谨防故弄玄虚或故作高深的肤浅的"装酷",也不应是机心重重、诡计多端的老奸巨猾。

星期四
勿 失 德

水旱不调,皆为人君失德。朕德之不修,天当责朕,百姓何罪,而多困穷!

——《贞观政要·仁恻第二一》

【译文】
水旱不调和,都是国君缺乏道德的原因。我的德行不好,苍天应当责备我,百姓有什么罪过,而遭受如此多的贫困呢?

笔 记

水旱失调分明属于天灾,但是,唐太宗却把这个责任归咎于自己"德之不修",看起来似乎有点假惺惺的"作秀"成分。古代帝王为了显示自己的品德高尚、心胸开阔,往往刻意把不属于自己承担的罪责揽在身上,以此换取圣君之美名。然而,细细读后,不仅感觉此言十分真切,而且合情合理。

一方面,虽然人类的力量极其伟大,但是,在某些自然灾害面前,即使在今天的工业文明时代,尚不能自信地说可以完全控制,更何况在生产力水平十分低下的古代社会呢?然而,既然人类生存的第一要务就是要向自然宣战,那么,面对大自然灾害的肆虐,人类就没有理由逃避。当然,唐太宗当时绝对不可能有这样的认识。但是，他把自然灾害与人类联系在一起的观点，还是在客观上符合社会规律的。

另一方面，帝王应该致力于天下所有百姓的幸福。水旱失调，灾害群发，身为百姓衣食父母的帝王无疑应该为此承担相应的责任。而且，历代帝王在取代前朝统治者获得政权的时候，都大肆宣扬君权神授。如今，天降大灾，那么代表上天来统治人民的帝王，当然难辞其咎。而按照当时的说法，只有帝王失德才会招致天怒人怨，唯其如此，太宗才会如此愧疚自己失德。

行动指南

在总结失败原因之时，不要一味强调客观原因，要反省自己是否"失德"。反省失德是领导道德品行高尚的体现，目的不是为了讨好员工，而是让员工知道即使遇到天灾人祸，也应该从人为的因素找原因，以此养成团队自律的风气。

星期五
慎 所 好

古人云："君犹器也，人犹水也，方圆在于器，不在于水。"故尧、舜率天下以仁，而人从之；桀、纣率天下以暴，而人从之。下之所行，皆从上之所好。

——《贞观政要·慎所好第二十一》

【译文】

古人说："君王好比是容器，百姓好比是水，水成为方还是圆的形状，取决于容器的形状，而并不取决于水自身。"所以尧、舜用仁义统治天下，而百姓也跟着行仁义；夏桀、商纣用残暴统治天下，而百姓也跟着残暴。下边的人做些什么，都是跟着上面人的喜好。

笔 记

唐太宗从古语中获得的治国智慧，即使在今天，这种管理思想也具有现实的指导意义：

一是上行下效。帝王属于国家最重要的公众人物，其形象自然对天下百姓具有直接的影响作用。如果君王施行仁义治国，必然注重自身道德品行的修养，那么，在治理国家的时候，就会把道德仁义传递给百姓，这样就为天下人树立了一个仁义之君的榜样。这就是太宗说的君王是容器、百姓是水的道理。

二是仁义乃君王治国之根本。帝王树立仁义道德的崇高形象，并不能保证天下百姓全部效仿之。但是，仁义乃君王治国之根本，仁义德化的实行，正是天下百姓所盼望的，残暴肆虐是百姓所痛恨的。在这个意义上，君王实行仁义道德还是残暴肆虐，并不仅仅在于树立崇高的圣君形象，还在于帝王能否履行圣明之君应该承担的职责。

今天，企业管理思想对于如何树立领导者形象以及如何实施人性化管理，多有论述。许多企业也在这方面获得了相当大的成就，不仅企业领导个人形象提升了，还改变了整个企业的良好形象。可见，古人"慎所好"思想是具有充分现实意义的。

行动指南

对待自己的喜好，要借鉴古人的管理智慧，充分利用"方圆在于器，不在于水"的思想。

第三周

星期一
好尧舜之道

朕今所好者,惟在尧、舜之道,周、孔之教,以为如鸟有翼,如鱼依水,失之必死,不可暂无耳。

——《贞观政要·慎所好第二十一》

【译文】

我现在喜欢的,只有尧、舜的准则,周公、孔子的礼教,我认为这些就像鸟儿有了翅膀,鱼依靠水一样,失去了这些必定死去,不能片刻缺少啊。

笔 记

尧、舜之道究竟如何仁义,由于历史久远,现在已经无法考证。但是,在中国文化传统中,其不仅被广泛传播,还一直被奉为历代封建王朝治国之道中公认的准则。即使开创了贞观之治伟大盛世的唐太宗,也心甘情愿地声称"今所好者,惟在尧、舜之道",可见尧、舜治国之道的成功之处。正因为这个原因,古代一直把实现尧、舜之治看作治国之道的最高境界。唐太宗对此大加推崇,也就理所当然了。

国家并不是一个空洞的概念。芸芸众生风俗淳朴还是道德败坏,牵涉到国君政治教化的能力。如果说尧、舜之道重在仁厚,那么,周公、孔子之思想就重在礼仪教化,这既是保证一个国家等级有序、良性协调发展的基础,同时也是天下百姓安居乐业、幸福生活的标准。所以,唐太宗把它比喻为鸟儿的翅膀、鱼儿对水的依傍,是完全合乎情理的。

今天,商业竞争的残酷被妖魔化为你死我活的兽性残杀,企业也被渲染为不惜一切、不择手段、唯利是图的奸商。其实不然,不懂得仁义宽厚的人性化管理、缺少职责等级分工的专业化管理体制,任何成功的企业都不会走得更远。

行动指南

在实施人性化管理的同时,应该注意把人性化管理和分工明确、等级有序并行使用,缺少其中任何一个方面,都将导致管理中的短腿现象。

星期二
疾 虚 事

君天下者,惟须正身修德而已,此外虚事,不足在怀。

——《贞观政要·慎所好第二十一》

【译文】

国君只要端正自身,修养德行就行了,除此之外的那些虚妄之事,不值得放在心上。

笔 记

唐太宗之所以谈论正身修德、不可虚妄之事,原因来自被他推翻的隋炀帝。隋炀帝生性多疑,防范他人之心过重。据说,其生平最忌讳的是胡人,以至于改称胡瓜为黄瓜,并且修筑长城来防范胡人。但是,令人啼笑皆非的是,隋炀帝竟然死于胡人血统的宇文化及和令狐行达之手。唐太宗以此典故告诫臣下,身为管理者不要轻易迷信虚妄之言。

唐太宗这种不迷信虚妄言论的思想,对于今天的管理者而言,也具有重要的启示意义。虚妄之言毫无科学根据,需要管理者自己保持清醒的头脑,如果一味迷信,最终结果往往不是得以逃脱,反而是越陷越深。隋炀帝的下场就是最好的说明。

行动指南

对于道听途说的虚妄之言,要保持理性的头脑,不迷信、不受骗。

星期三

不敢多言

朕每日坐朝，欲出一言，即思此言于百姓有利益否，所以不敢多言。

——《贞观政要·慎言语第二十二》

【译文】

我每天坐朝听政，想要说话的时候，就要考虑到这句话对天下百姓是否有利益，所以不敢随便多说话。

笔 记

古人说："知无不言，言无不尽。"知道的就要明明白白说出来，不知道的就不要乱说。但是，这样的原则似乎和唐太宗这里的"不敢多言"之说是矛盾的。对此，应该如何理解呢？

第一，"不敢多言"，重在说话之前应该"三思"。帝王说的话属于"金口玉言"，言既出，行必果，因而要慎言慎行。

第二，"不敢多言"，贵在说话要有的放矢，不说空话、大话、假话。帝王应该顾及身份，不能妄言。多说话本身并没有问题，而是不要说那些不该说的假大空之类的话。这样的话说得越多，越容易扭曲自身形象，而且容易导致更大的祸端。

第三，"不敢多言"，不等于少说话、不说话，而是要说与百姓利益相关的话，除百姓利益之外，其他的话少说、不说。只有心系天下百姓，才能保证说出的话有价值、不多余。

笔 记

说话之前要"三思"。要考虑所说的话是否属于信口开河的虚妄之言。说话尽可能简明扼要。言多必失，而且，说话多了往往会淹没主题，减弱了话题的分量。

星期四
不可出言有所乖失

　　言语者,君子之枢机,谈何容易? 凡在众庶,一言不善,则人记之,成其耻累。况是万乘之主,不可出言有所乖失。其所亏损至大,岂同匹夫? 我常以此为戒。

——《贞观政要·慎言语第二十二》

【译文】

　　言语是君子们品德修养的关键表现,谈何容易? 大凡老百姓,一句话说错了,人们就会记住,这就成为说错话人的羞耻和累赘。何况我是一个国家的君王,说话不可以出现错误和过失。它造成的危害特别大,怎么能与普通百姓相比呢? 我常常以此为戒。

笔 记

　　古人曾以擅长外交辞令作为人才的重要标志,也曾批评过言辞华美、流于表面的浮躁之风。那么,如何客观、全面地看待一个人的言辞呢?

　　唐太宗用"不可出言有所乖失",为我们诠释了言语和做人、成才之间的重要关系。

　　一是言语是"君子之枢机"。古代君子以品德修养为重,但是,正如先哲所言,"文质彬彬,然后君子"。也就是说,古人认可的君子并不是今天被理解偏了的所谓"心灵美",而是不仅"心灵美"还要"外表美"。心灵之美重在修德,外表之美重在言辞,语言表达木讷的人,即使品德高尚,也不算是真正的君子。而且,一个人的品德高尚往往是通过言辞这种外在形式表现出来的,这就是太宗所说的言语是君子之枢机的原因。

　　二是"一言不善,则人记之"。说出去的话就是泼出去的水,无论是信口雌黄,还是无意中说漏了嘴,言语错误是不可挽回的事实。听话者当然就铭记在心,这样就造成了说话者终身的负担。

三是"不可出言有所乖失"。一句话说错了被人铭记在心的后果固然严重,帝王说错的一句话,其所造成的危害就更不可同日而语了。普通人说错话得罪的往往是一个人或一小部分人,而天子说错了话则祸害天下人。因此,太宗警示自己不可出言乖失,是其治国之道谨慎的体现。

今天,许多管理者在谈论企业发展战略时候,往往大肆渲染企业的美好未来,信口承诺给职工更多的福利。但是,在多年打拼之后,企业并没有实现最初的梦想,不仅许诺成为笑柄,还损毁了自己的形象。

笔　记

第一,不要说超出自己所了解的知识范围的话。
第二,不要随意对员工许诺没有把握实现的话。
第三,不要说缺乏道德修养的轻浮话。

星期五
戒　慎

人君居四海之尊,若有亏失,古人以为如日月之蚀,人皆见之,实如陛下所戒慎。

——《贞观政要·慎言语第二十二》

【译文】
　　国君居于天下最尊贵之位,如果有所失误,古人认为像日食月食的盈亏一样,人人都能看见,确实要像陛下这样警惕慎重。

笔　记

国君应该戒慎,这是贞观八年(634)魏徵对唐太宗的劝谏。这个劝诫并不是因为唐太宗不戒慎引起的。即使在贞观之治后,太宗出现了骄奢腐化的倾向,但总的来说,唐太宗在慎言慎行方面一直做得相当出色。因此,魏徵此言的目的,也许并不在于让太宗如何做，而只是出于谏官的职责和对帝王的忠诚，而时时不忘提醒帝王罢了。

正如魏徵所说，帝王既然身居天下最尊贵的职位，其言行的每一点都会成为天下人瞩目的焦点。用今天的话说，属于公众人物。那么，对自身的言行要求自然要比别人更为注意。这其实是对身居高位者应该承担更多责任的一种委婉说法。

行动指南

应该做到"一慎"、"二戒"。"一慎"管理战略开发失职。"二戒"：一戒把公司职权作为自已私有财产，把公事私人化；二戒把大胆创新当作一意孤行，把集体意见边缘化。

第四周

慎 相 悬

　　帝王之与凡庶、圣哲之与庸愚，上下相悬，拟伦斯绝。是知以至愚而对至圣，以极卑而对极尊，徒思自强，不可得也。

　　　　　　　　　　　　　　　　　　——《贞观政要·慎言语第二十二》

【译文】

　　帝王和臣子、圣明贤能的人和平庸愚蠢的人之间，上下相差悬殊，无法比拟。因此，用愚蠢至极的人和圣明至极的人相比，用地位卑贱至极的人和尊贵的人相比，即使前者很想自强超越后者，也是不可能做到的。

笔　记

　　古往今来，但凡思想开放的智者，多以人生平等相号召。但是，人权上的所谓平等追求，并不能掩盖人与人之间能力、道德等方面的差距。这本来是一个无可置疑的事实，但耐人寻味的是，在现实面前，人们似乎更不愿意接受这样的事实。

　　唐太宗能够在乱世之中集结豪杰，与其父亲李渊一起推翻腐败的隋朝，又在李唐王朝建立之后的继承王位权力斗争中，发动玄武门之变获取政权，并开创了历史上少有的太平盛世，足以证明其拥有超出常人的智慧和谋略。这就造成了他与臣下、普通人之间的差距。当有人向太宗谏言的时候，唐太宗往往喜欢在听完他人谏言的时候，反复诘问，这样给谏官的心理带来巨大的压力，不仅对于唐太宗个人形象有所损毁，而且还容易堵塞言路的畅通。正是因为这个原因，有人向唐太宗谏言君王与普通大臣之间存在着客观上的差距，恳请唐太宗能够注意纳谏的方式和态度。

现代企业管理者往往鼓励员工积极谏言,但是,当员工们根据个人的体会和经验向领导提出意见的时候,等待员工的往往是领导无休止的辩解和诘问,常常弄得谏言者理屈词穷。如此一来,还有谁愿意向领导提出谏言呢?

行动指南

在听取员工建议的时候,需要注意:第一,仔细倾听意见,对谏言者态度要诚恳热情。第二,在听取谏言过程中,不要随便打断下属员工的讲话,要虚心接受员工的意见。第三,听取员工的意见,不要立即进行是非对错的评价,要采取询问情况、了解事实的态度,这样便于员工敢于说话。

星期二
不 欲 烦

皇天以无言为贵,圣人以不言为德,老子称"大辩若讷",庄生称"至道无文",此皆不欲烦也。

——《贞观政要·慎言语第二十二》

【译文】

上天把不说话看作尊贵,圣人把不说话看作美德。老子认为,"真正善辩的人如同说话木讷迟钝一样";庄子认为,"最深远的道理无法用文字来表达",这都是不希望言语繁杂厌烦的意思。

笔 记

道家哲学的开创者老子和庄子,虽然在许多观点上并不完全一致,但在对待言语表达时,都主张"无言之辩"。这并非不让人去说话,而是说那种喋喋不休的喧嚣之语,不仅无法让内心真情实感得以澄明,反而有损说话者本人的道德修养。理解了这一点,就可明白臣子给唐太宗上书提出"皇天以无言为贵"的意思。

"圣人以不言为德"，这并不是说圣人如同不说话的哑巴。而是说，真正的智者应该胸怀智慧，并不会依靠华丽言辞进行卖弄而流于轻浮，所谓大巧若拙、大智若愚就是从这个层面来说的。因此，臣下谏言唐太宗要以圣人为榜样。

当下有些管理者，往往无休止地教导、训诫员工，结果常常是领导的嘴皮子磨破了，员工却是无动于衷，其中当然存在员工自身素质的问题，但不也说明了管理者言辞繁琐、令人厌烦的弊病吗？

行动指南

在教育培训员工的时候，语言表达需要注意如下几点：第一，话语不要太多，因为这样容易掩盖谈话的主题。第二，说话要点到即止，给员工保留适当的想象空间。第三，说话要体现出含蓄儒雅的领导气质，不要繁琐不堪。

星期三
每事敦朴

窃以今日升平，皆陛下力行所至，欲其长久，匪由辩博。但当忘彼爱憎，慎兹取舍，每事敦朴，无非至公，若贞观之初则可矣。

——《贞观政要·慎言语第二十二》

【译文】
我认为如今天下升平，都是陛下大力治理国家所实现的，想要它长久保持下去，不能依靠言辞通达善辩。只能忘掉那些爱好和厌恶，谨慎进行各方面的取舍，做每件事都踏踏实实，不要否定最高的原则，像贞观初年一样就行了。

笔 记

贞观十六年(642)，唐太宗每次和大臣们讨论古代的学说，总是反复诘责他们。刘洎上书劝谏，他认为，真正的道理不需要巧言强辩，而在于踏踏实实的行动。秦始皇善于强辩，却因为自傲而失去人心；魏文帝富有辩论的才能，却由于说空话而失去众望。善辩的人，如果没有辅以切实的行动，就无异于说空话，如何取信于人呢？

行动是无声的话语，虽然无声，却非常有力。卓越的经理人绝大多数都不是能言善辩的人，他们甚至在公共场合说话时"腼腆而紧张"。但是，他们具有卓越的行动力，只要他们确立了目标，就会全力以赴，不达目标誓不罢休。

行动指南

不要总是和团队成员辩论，要用踏踏实实的行动向他人证明你的观点。

星期四
慎 劳

非虑无以临下，非言无以述虑。比有谈论，遂至烦多。轻物骄人，恐由兹道。形神心气，非此为劳。

——《贞观政要·慎言语第二十二》

【译文】

不思虑就不能治理好天下，不说话就不能阐述自己的想法。近期和臣下谈论，说话过于频繁。轻视别人，态度骄傲，恐怕就是因为这个而生的。身体、精神、心思和元气不应该为此而劳损。

笔 记

在古人眼中，"鞠躬尽瘁，死而后已"，不仅是对臣下勤奋努力的赞赏，还是对臣子效忠皇帝的肯定。正因为这个原因，但凡以言语颂扬某个人，必定是为忠心耿耿、殚精竭虑之类。

同样，我们也可以据此设想，如果臣下把这样的语言用在某个帝王身上，那一定是在歌颂这个帝王的伟大了。但是，在这篇臣下给太宗简短的劝谏里，我们却读到了与此前完全不同的内涵。

帝王承担天下兴亡之重任，非殚精竭虑无以治理天下，这本来是无可厚非的。但是，当帝王的这种勤奋已经伤害到自己身体的时候，直接的受害者固然是帝王本人，同时也不仅仅是个人的事情了，因为天下人民也会因为帝王身体受损而失去保护和依靠。如此看来，帝王的勤奋而使自己的身体累垮，就属于对人民的不负责任了。同样，当帝王整日纠缠于讨论政事、劳神伤形，也是对人民的不负责任。

这看起来有点像古希腊时代的诡辩术，更像是臣下对帝王变相的拍马奉承，但细细想来，我们却不得不承认这种观点的合理性。这对于我们所有担负社会责任和历史使命的人而言，何尝不是一剂清醒的良药呢？现代管理者往往勤奋努力，不仅身体严重受损，甚至有的英年早逝，也有因为身体原因无法正常领导整个团队开拓进取的，这与唐太宗在答复臣下谏言之时，承认不应该过度劳神劳形以免影响天下人的观点是完全一致的。

行动指南

在勤奋工作的同时，注入更多的健康安全的理念，不要人为地制造勤奋和健康对立的观点，其实二者往往可以兼得。

星期五
杜谗佞

朕观前代谗佞之徒，皆国之蟊贼也。或巧言令色，朋党比周；若暗主庸君，莫不以之迷惑，忠臣孝子所以泣血衔冤。

——《贞观政要·杜谗邪第二十三》

【译文】

我看前代进谗言的邪佞之人，都是损害国家的蟊贼。他们花言巧语，结党营私；如果国君愚昧昏庸，没有不被迷惑的，这就是忠臣孝子泣血衔冤的原因。

笔　记

　　亲君子，远小人。自古以来，帝王们无不屡屡听到臣下此类谏言。当然，能够真正做到这样的实属不多。所以，在漫长的历史长河中，总是留下因为亲小人、远君子，而误国害民的惨痛教训。唐太宗以此为鉴，痛斥前代奸佞小人诱惑君主害国害民，其目的在于告诫臣下应该忠诚报国，同时也是在提醒自己不忘前车之鉴。

　　谗佞存在是事实，但是，谗佞当道的一个重要原因在于"若暗主庸君"，只有昏庸无能的君王才会被谗佞迷惑。反之，如果君王自身保持高尚的节操，能够做到虚心听取忠臣之言，那么，无论奸佞小人如何心怀叵测，都无法有空可钻、有机可乘。

　　这实际上给我们现代人一个重要的启示：虽然我们无法阻止社会上奸佞小人的出现，但是，我们完全可以避免被佞臣所利用。只要我们自己能够保持德行，天下小人的阴谋就无处可用。在这个意义上，与其说是奸臣迷惑了君王，不如说是君王自身抵制不住诱惑而晚节不保。但是，我们一直喜欢批评和追究奸佞小人的责任，认为是他们把国家引入罪恶的深渊，而往往不去探究被小人包围的帝王们自己的不足，这实际上是不公正的。

行动指南

　　对待周围亲近之人要注意，不要被甜言蜜语所迷惑，要警惕小人糖衣炮弹的围剿。

八月

防怠防弊

星期一

恐心力不至

朕每防微杜渐,用绝谗构之端,犹恐心力所不至,或不能觉悟。

——《贞观政要·杜谗邪第二十三》

【译文】

我常常防微杜渐,禁止谗言和诬陷之事的出现,还是担忧有心力不能照顾到的地方,或者有无法察觉警醒之处。

笔 记

唐太宗以政治家异乎寻常的敏锐眼光,发现历代帝王常常被小人佞人包围,为了防止重蹈覆辙,常常警醒自己,要防微杜渐,在谗言和诬陷之事有可能发生之时,就将其扼杀在摇篮里。这样不仅可以有效地阻止朝廷中恶人阴谋的得逞,还避免了可能造成的损失。仅此一点,足以证明唐太宗作为政治家拥有的过人的观察力和处理事变的能力。

但是,在我看来,唐太宗此言精妙之处还有另外一点:即他在处理好奸佞小人谗言诬陷之事的情况下,仍常常心怀不安之心。虽然已经殚精竭虑,但是还怕考虑不周;虽然已经尽其所能,但是还怕有不足之处。唐太宗此举一方面属于政治家考虑问题必求周全的本能;另一方面,还在于优秀政治家对外界社会保持高度警惕的心态。

事实上,今天的许多企业管理者,在这方面非常欠缺,尤其缺少唐太宗"恐心力所不至,或不能觉悟"的能力。即使把谗言扼杀在摇篮里,但由于缺乏更为深远的考虑而自我满足,这就埋下了小人进谗的隐患。

行动指南

　　一个人的能力再强，也不可能把问题考虑和处理得毫无遗漏之处，更何况一个人的精力是有限的。所以，优秀的领导在成功地处理谗言诽谤之后，不要自满得意，而是要继续反思是否有不足之处。

星期二
近　习

　　人之善恶，诚由近习。

——《贞观政要·杜谗邪第二十三》

【译文】

　　人们品行方面的善恶，确实受到亲近之人的影响。

笔　记

　　古往今来，中国民间一向以"好人学好事，坏人学不良"，警示要和善人相处，此生活经验也被哲学化为"近朱者赤，近墨者黑"。唐太宗此说，无疑与此传统紧密相承。

　　唐太宗此说还有另外一个更为现实的背景：贞观十年（636），唐太宗和手下大臣谈到自古以来皇帝和贤臣之间的关系时，说当年周成王幼年继位，由于辅佐他的周公和召公都是贤人，所以，周成王受到影响而成为贤明的君主。由此可见，周成王的善良和周围善人的亲密相伴有极大的关系。而秦始皇的儿子胡亥，由于让奸臣赵高成为自己身边最亲密的人，受到赵高的影响，胡亥也成了诛杀忠臣、残暴昏庸的暴君。于是，唐太宗由衷地感叹人的品行善恶，受到亲近之人的影响甚为深远。

　　唐太宗贵为帝王，难免有人为了各种目的而投机钻营、阿谀奉承。如此一来，身边亲密者中有小人并不奇怪，这当然应该引起帝王们的戒备。

在现代企业中,身为整个团队最高领导的管理者,因为手中拥有令人羡慕的权力,必然有人出于不同的目的而亲近。如此一来,如何选取和辨别身边亲近之人,就不再是纯粹私人行为的交往,而是关涉领导者人品德行修养的问题。唐太宗的"人之善恶,诚由近习",应该可以提供足够的借鉴意义。

行动指南

第一,在团队内部,要亲近品德修养高的员工,疏远品行恶劣者。

第二,在人际交往中,尽量多和正直的商人交往,通过耳濡目染,在潜移默化中获得更多的启发。

星期三
与善上智之人

中人可与为善,可与为恶,然上智之人自无所染。

——《贞观政要·杜谗邪第二十三》

【译文】

智慧一般的人可以为善,也可以作恶,但是,智慧上等的人自然不会被他人熏染。

笔 记

唐太宗在谈到与善人相近的重要性之时,曾对臣下提出这样的疑问:自己年轻的时候只和柴绍、窦诞等人亲密交往,而这些人并算不上正直、诚信、博学的那类人;但是,后来他继承王位的时候,在治理天下的过程中,并没有受到年轻时候亲密友人的影响而走向邪路,这又是什么原因呢?对此,魏徵回答,虽然太宗年轻时候最亲密的人属于一般人,有可能对太宗带来不好的影响,但是,由于太宗本身属于上等智慧之人,所以,无法对太宗造成太多的负面影响。

魏徵的谏言,看起来多少有点迎合夸耀李世民聪明绝顶之味道;但是,无论是从魏徵个人品格的刚直不阿，还是唐太宗个人能力卓绝上看，我们都无法否认这样一个事实：魏徵此语的确道出了居高位者如何与资质不同人相处的问题。

子曰："中人以上，可以语上也；中人以下，不可以语上也。"在孔子看来，具有中等资质或道德水平以上的人，可以告诉他较高的学问或道理；而具有中等资质或道德水平以下的人，无需告诉他较高的学问或道理。魏徵此言难道不是一样的道理吗？

行动指南

与上智为善并不等于和中智之人断交，而是要和上智之人保持亲密的关系，和中智之人保持一定的距离。

星期四
好 读 书

为人大须学问。朕往为群凶未定，东西征讨，躬亲戎事，不暇读书。比来四海安静，身处殿堂，不能自执书卷，使人读而听之。君臣父子，政教之道，并在书内。

——《贞观政要·悔过第二十四》

【译文】

做人非常需要学问。我以前因为群凶没有平定，东征西讨，亲自主持军务，没有时间读书。近来国家安定，我身居殿堂之上，即使不能自己手执书卷阅读，也要命人读给我听。君臣父子之间的伦理纲常，政治教化的道术，都在书内。

笔 记

古人对待读书的态度非常耐人寻味：

一方面，"万般皆下品，唯有读书高"。通过刻苦读书，不仅可以"学而优则仕"，实现个人仕途上飞黄腾达的梦想,还可以获取人格高尚、修养高深的美名。因此,无论是以读书为职业的文人,还是以政治斗争起家的帝王将相,都以好读书作为个人道德修养的重要内容。

另一方面,"百无一用是书生"。虽然骂的是读书人的迂腐,但是,读书毕竟受此影响而成为无用的代名词。在这种观念下,读书就属于不食人间烟火者做的"上不着天,下不着地"的事情。因此,以追求功名利禄为目标的部分古人,截然鄙视读书。

面对对待读书两种截然不同的态度,如何抉择呢?唐太宗认为,"君臣父子,政教之道,并在书内"。其实,这种观念并非唐太宗独创,孔子早就说过"不读诗无以言"。但非常遗憾的是,在漫长的封建社会发展中,读书逐渐被功利化为一种获取现实利益的工具。

唐太宗能够在获取帝王之尊的情况下,依然不忘记读书对人伦教化的作用,其中固然有倡导读书便于统治思想的原因。但是,单以对待读书重要性的认识而言,还是值得后人学习的。

行动指南

第一,读书有助于人的社会化,即"君臣父子,政教之道",人与人之间的道德教化是社会存在和良性协调发展的基础。

第二,读书能够给人带来现实的经济利益,但是,如果以追求现实经济利益为目的而读书,固然有效,但是并不能久远。

第三,读书时间的有无在于自己对读书意义的认识,只有从根本上认识到读书意义的人,才会不断地挤出时间来读书。

星期五

悔 过

古人云:"不学,墙面,莅事惟烦。"不徒言也。却思少小时行事,大觉非也。

——《贞观政要·悔过第二十四》

【译文】

古人说:"不学习就一无所知,碰到事情也就没有办法处理。"这不是空话。反思自己年少时候做事情,感觉不对。

笔 记

"人非圣贤,孰能无过?"即使拥有常人没有的智慧,帝王将相也不可能如同圣贤一般不犯任何过错。可见,问题的关键并不在于一个人是否有过失,而是对待过失的态度。"知错能改,善莫大焉。"面对错误,不仅要敢于承认,还应该心悦诚服地改正,这才是衡量一个人心胸是否开阔的重要标尺。

但是,碍于面子或者自尊等诸多因素,知错就改对于一个普通人而言,都是很困难的;而对于普天之下地位最为尊贵的帝王来说,能够做到勇于纳谏就已经非常不容易了,如果再让帝王从口中亲自承认自己错了,那简直比登天还难。唐太宗则用他自己勇于承认错误的行为,向后人证明了他是勇于自省、闻过即改、从善如流的圣明之君。

在唐太宗看来,读书学习知识,是人能够立身做事的基础和前提,这就把读书的功利目的提升到更高的一个层次上。而追忆自己年轻时代荒废时光,唐太宗大有"书到用时方恨少"的追悔莫及之痛。其实,如果把太宗后悔年少未有更多时间好好读书,理解为一般意义上的使用,就无法真正了解唐太宗悔过的真诚,因为这与唐太宗认为的读书直接关系到做人相距甚远。唐太宗在设立文学馆之后,大力召集天下儒学文士,并且让他们轮流在秦王府值日,便于随时和他们交流学习,这样就弥补了因为自己忙于军政事务而无法看书的缺憾,实现了间接读书学习的效果。

行动指南

注重自我反省,多考虑自己是否有过失,把回忆的时间更多地用在检点过失而不是对成功的沾沾自喜上面。但悔过不是打击自己的信心,而是增强对未来的理性认识的基础。

第二周

星期一
不处嫌疑之地

魏王既是陛下爱子，须使知定分，常保安全，每事抑其骄奢，不处嫌疑之地也。

——《贞观政要·悔过第二十四》

【译文】

　　魏王既然是陛下的爱子，陛下应当让他懂得自己特定的名分，常常保持安全，每件事抑制骄傲奢侈，不要处在嫌疑的位置上。

笔　记

　　太子李承乾常常做出僭越法令的事情，不受唐太宗的喜爱；魏王李泰很有才能，受到唐太宗的特别器重，太宗特意让他移居武德殿。魏徵觉得此事不妥，便上书给唐太宗。他认为，让魏王住到武德殿，与他自身的名分不相配，不符合规范，会因此招惹别人的嫉妒和谋害，魏王自己也会心怀畏惧。

　　很多管理者成就卓著，具有很大的威望，不知不觉滋生出一些与自己的身份不符的"非分之想"。这些非分之想如果不及时遏制，膨胀扩展，就会招惹麻烦。

行动指南

　　身为管理者，始终不要忘记自己的身份，切勿做出僭越规范的事情。

星期二
直言己过

人臣之对帝王，多承意顺旨，甘言取容。朕今欲闻己过，卿等皆可直言。

——《贞观政要·悔过第二十四》

【译文】

　　臣下对于帝王，大多是顺承旨意，说好听的话来取悦帝王欢心。我现在想听听自己的过失，你们都可以直言不讳。

笔　记

　　"忠言逆耳利于行。"在政治斗争极其惨烈的封建王朝内部，帝王身边臣子无数，但是，真正敢于逆龙意、谏忠言的就十分难得。究其原因，对于谏言者而言，首先要考虑到说出真话有可能招致自身利益的损失，甚至有可能是杀身之祸。对于纳谏者而言，虽然明明知道很多臣子所说的话都属于奉承献媚之言，但是，出于骄纵自满的情绪，往往对于谏言者不理不睬，甚至迫害打击。

　　唐太宗保持着非常清醒的政治头脑，他要求臣下直言自己的过失，这并非是维护圣明之君的冠冕堂皇的理由，而是真正具有自知之明的表现。在他看来，臣下对于皇帝所言大都是顺承旨意，即使对政令有所不满，也大多出于自身利益考虑而明哲保身。这个道理虽然并不深奥，而且几乎每个帝王都知道，但更多的帝王或许更愿意把这个简单的道理掩藏于心，极少会说出来，以此维护帝王的尊严和虚荣心。而唐太宗敢这样说，还在于他平时真正做到了虚心纳谏，否则，这种坦诚纳谏的言论，就毫无意义了。

　　今天，管理者又有几个不明白这个道理呢？但是，能够从内心反省且在口头上敢于向员工真诚要求直言自己过失的又有几个呢？

行动指南

　　在要求员工直言己过的时候，首先要做到虚心纳谏，以表达对员工直言的诚意，消除员工直言的后顾之忧。

星期三

积德累业

历观前代，自夏、殷、周及汉氏之有天下，传祚相继，多者八百馀年，少者犹四五百年，皆为积德累业，恩结于人心。岂无僻王，赖前哲以免！

——《贞观政要·奢纵第二十五》

【译文】

观察前朝历史，从夏朝、殷朝、周朝和汉朝的情况看来，帝位的传袭继承，时间长的达八百多年，短的也有四五百年，都是由于积累德行和功业，恩惠深入百姓心中。难道其间没有出现过昏庸残暴的国君吗？只是依赖前朝贤君的恩泽才得以避免灭亡罢了！

笔 记

"积德"一语在古代中国民间受到广泛关注的原因，也许在于深厚的宿命论思想。直至今天，这种思想仍然顽强地存在于人们的大脑中，常常可以听到企业家主动捐助公益事业的相关报道。他们捐款的目的虽然不能完全排除为了树立个人形象、扩大企业知名度的因素，但是，不管他们的主观目的如何，都无法掩盖一个事实，就是客观上他们在做善事积德的行为。

这不得不令我们重新反思古人倡导积德的深刻意义，换言之，古人倡导积德被现代人沿用至今，就不再是宿命论所能完全解释的了。那么，其中道理何在呢？从上述马周给唐太宗的谏言中，我们可以读到如下的意思：

一是积累德行和功业可以"恩结于人心"。积累德行做善事，赚取好名声的固然是领导，我们甚至可以把这样的行为叫做收买人心。但是，这种收买人心的行为难道没有给天下百姓带来现实的恩惠吗？如果统治阶级拒绝去积德，那么，最受苦的还不是天下百姓？

二是积德之举可以为下一辈人免除灾祸。一家现代企业的发展往往要持续几代人,上一代领导积德之举已经为企业生存奠定了基础,当下一代人在管理中出现了问题,那么,前期积累的功业无疑在很大程度上抵消了继承者的不足,这也正是马周所说的"岂无僻王,赖前哲以免"的原因。

行动指南

追逐利润是商业的第一目标,但不是全部。在企业获得了相应的财富之后,应该向社会有所回报。

星期四
勿持当年而已

虽以大功定天下,而积德日浅,固当崇禹、汤、文、武之道,广施德化,使恩有余地,为子孙立万代之基。岂欲但令政教无失,以持当年而已!

——《贞观政要·奢纵第二十五》

【译文】

虽然凭借巨大的功业平定了天下,但是积累德行的时间还很短,确实应当考虑推崇禹、汤、文王、武王之道,广泛施行恩德教化,使百姓感恩不尽,奠定万世子孙的基础。怎能打算只求政治教化没有过失、保持自己在位统治就行了!

笔 记

"人无远虑,必有近忧。"马周对太宗的谏言,让我们深刻地领会到了这句话的力量。"岂欲但令政教无失,以持当年而已!"树立德行,积累功业,可以保持帝王在位时间的安定和长久,这是每个帝王"广施德化"的重要目的。但是,如果把眼光仅仅盯在保住自己皇帝位子的安稳,那么,就过于短浅了,因为江山社稷还是要一代一代传承下去的。如果只顾着自己,而不为子孙考虑,岂不是背弃了祖宗拼死打下江山的良苦用心吗?

然而,得过且过的苟且行为,并不是马周劝谏太宗的本意。在马周看来,做帝王的除了要保证自己王位安稳,还有一个重要的目的,就是尽可能让整个国家一直保持良性协调发展的状态。在古人看来,这就是实现夏禹、商汤、周文王、周武王时期的大治社会。这已经不仅仅是能够让儿孙长久继承下去的问题,而是保持国家一直兴旺繁荣的质量问题了。

今天,在激烈的商业竞争中,无数企业为了生存而苦苦挣扎,能够生存尚且不易,何谈以后更长远的发展呢?这也成了许多领导者"但令政教无失,以持当年而已"的借口。这实在是一种极其短视而肤浅的举动。

行动指南

在企业发展规划上,要保持长远发展的眼光,不要得过且过,市场竞争虽然激烈,但是,并不影响企业的长远生存。

星期五
节俭于身,加恩于人

自古明王圣主,虽因人设教,宽猛随时,而大要以节俭于身、恩加于人二者是务。

——《贞观政要·奢纵第二十五》

【译文】

自古以来,圣明的帝王,虽然根据具体的人的不同情况,开展相应的教化,政令的宽厚和严厉随着时局而变化,但是总的方针是在于对自身节俭、对百姓施恩这两个方面。

笔 记

孔子曾创造性地提出"因材施教"的教育方针,在后来的历史中,这种思想不仅仅被用在教育领域,还被用于治理国家、选拔人才上。由于人与人之间在资质、能力、性格等各个方面都不可能完全相同,所以,同样的方法不可能对所有人都有效。例如宽容仁慈，本来属于圣明之君的行为，但是，这并非放之四海而皆准的真理。因为在特殊的情况下，只有施行严厉的法治才是成为圣明之君的必要条件。所以，马周劝谏太宗"宽猛随时"。

"节俭于身"，看起来是要求唐太宗保持节俭的个人品德，其实还包含着更为深刻的道理，这就是对谁节俭的问题。如果对他人节俭，而对自己奢华，那就是自私行为。

今天，我们仍然见到许多企业管理者，倡导整体节俭，要求员工养成节俭的习惯，但是，对于自己却从来不这样要求，这就是自私行为的表现。

"恩加于人"，这如同"节俭于身"的另外一面，自己要节俭，而对别人不仅不应该节俭，还要施加恩惠，这才是高尚的品德。

行动指南

只要求别人节俭，自己奢华无度，这是一种自私。要求别人节俭，自己同样遵守，这是一种美德。要求自己节俭，给予别人恩惠，这是一种高尚。

第三周

爱仰敬畏

故其下爱之如父母,仰之如日月,敬之如神明,畏之如雷霆,此其所以卜祚遐
长而祸乱不作也。

——《贞观政要·奢纵第二十五》

【译文】
　　因此,百姓爱戴他们如自己父母,瞻仰他们如日月,尊敬他们如神灵,畏惧
他们如雷霆,这就是他们的帝位长久传承而不发生祸乱的原因。

笔 记

　　每个帝王都希望获得百姓的爱戴,但是,究竟帝王应该被百姓尊崇到什么样
的程度,马周为唐太宗开出了一条"受人尊敬的领导"应该达到的"清单":

　　一是"爱之如父母"。古人常常把忠君为国的思想凌驾于个人利益之上,所谓
"匈奴未灭,何以家为"。其实,如果一个人失去了爱戴父母的情感,又怎么能够真
正地爱戴自己的国家呢? 因此,像爱护自己父母那样爱护自己的国家和君王,足以
显示出爱护君王情感的真实厚重。

　　二是"仰之如日月"。把帝王像天上的明月一样瞻仰,这是臣下对帝王实现圣
明之君的期待,同时,也是帝王必须严格自律的无形规范。历史上的商汤、周文王
都实现了天下大治,也因为这个原因被后人如明月般瞻仰。

　　三是"敬之如神明"。帝王如果为政清明,百姓安居乐业,自然就会受到百姓们
的敬重,就如同他们对神明的敬重一样。

　　四是"畏之如雷霆"。这并不是要求百姓对帝王恐惧,而是说帝王的威严令人
敬畏。平易近人固然是圣明之君的美德,但是,平易近人绝不等于无视等级的肆

意妄为。因此,平易中不乏威严,让百姓亲近又不敢越礼,这是圣明之君的重要表现。

行动指南

第一,施行恩惠,让员工如父母般爱戴。

第二,修养德行,追求无私高尚,让员工如日月般仰视。

第三,彰显人格魅力,坚定员工对领导的信仰和忠诚,让员工如神明般敬重。

第四,雷厉风行,果敢决断,赏罚分明,让员工亲近的同时,内心保持自重,实现畏之如雷霆。

星期二
慎徒行文书

陛下虽每有恩诏,令其减省,而有司作既不废,自然须人,徒行文书,役之如故。

——《贞观政要·奢纵第二十五》

【译文】

陛下虽然常常降下仁慈的诏书,命令减省徭役,但是有关部门依然无法停止,自然仍须征调人力,所以下诏书只是空传文书,老百姓照旧被役使。

笔 记

"上有政策,下有对策",在今天常常被用来讽刺某些部门的工作作风。但是,这并非是今天某些部门的独创,早在古代逃避中央政府或上级职权部门政令的思想就已经存在。

唐太宗在登基之后,为了安抚人心,恢复长期战乱造成的乱局,推行了诸多民生政策。但是,这些政策在实行过程中,往往遭到地方官员们的暗中阻挠,他们阳奉阴违,与中央政府玩起了"捉迷藏"的游戏。这不仅使得中央政府的权威遭到挑战,还导致人民成为政治斗争的牺牲品,许多人的生活也成为名副其实的"阳光照射不到的地方"。这是唐太宗手下忠臣劝诫和提醒唐太宗注意恩诏无法真正实行、从而变成一纸文书的重要意义。

行动指南

慎重对待政策传达过程中的执行情况,不能只做文件的"生产者",而忽视文件的"消费者"。

重视制定有惠于员工的相关制度,但这仅仅是关怀员工的第一步,重要的是如何做到制度准确无误地得到传达和执行。

星期三
防怠防弊

臣闻昧旦丕显,后世犹怠;作法于理,其弊犹乱。

——《贞观政要·奢纵第二十五》

【译文】

我听说,起早贪黑勤奋努力而获得显赫功业的国君,后代还会因循懈怠;制定出合乎情理的法令,久而久之还是会出现弊端、产生混乱。

笔 记

追求显赫功业,是古代每一个帝王梦寐以求的理想;制定合乎情理的法令,是衡量圣明之君的重要尺尺。对于历代帝王而言,能够做到其中一条,虽然称不上可以名垂青史,但至少可以算得上为后人敬重的明君了。

但是,即使把上述两条都完成,也并非修成正果。其中问题何在?

一是当一个人勤奋有加并创造出赫赫功业的时候,其自身也许可以凭借高尚的道德修养而拒绝骄傲,但是,又有谁能保证其后代不会因此懈怠?也许前代过于勤奋的工作和创立的过于显赫的功业,对于后代而言恰恰是一种腐化的诱饵和催化剂。这正是"昧旦丕显,后世犹怠"的哲理所在。

二是前代帝王制定了严密而合理的规章制度,虽足以有效防范贪赃枉法,维护国家稳定,但这只能防范和维护自己在位之时的相关问题,并不能杜绝此后不会出现法令制度缺失的事情;而且,前代越是在这个方面建树多,后代继承王位之后越是容易心生懈怠情绪,从而给下面人钻空子提供了更多的便利,最终也往往导致前人制定的法令弊端无穷。

今天,追求管理中的"昧旦丕显"、"作法于理",几乎依然是每个领导的梦想。但是,一方面,很少有人能够做到二者兼得;另一方面,即使做到了,也并不意味着万事大吉。

行动指南

居安思危,面对眼前成功的事业,要考虑到未来有可能隐藏的弊端,积极做好防备工作。

星期四
修之于可修之时

臣窃寻往代以来成败之事,但有黎庶怨叛,聚为盗贼,其国无不即灭。人主虽欲改悔,未有重能安全。凡修政教,当修之于可修之时,若事变一起而后悔之,则无益也。

——《贞观政要·奢纵第二十五》

【译文】

我私下里思考前朝以来国家兴亡成败的情况,只要百姓怨恨背叛,聚众故盗贼,国家没有不迅速灭亡的。国君即使愿意悔改,也没有能够重新安定的。凡是修整政治教化,应当在能够改进的时候就去实行;如果事变一旦发生,然后才感到后悔,那就已经没有用了。

笔 记

一般而言,政令教化的制定和实施,都在于解决现实问题。对于一位帝王而言,能够从前代兴亡成败的历史事件中吸取教训和经验,认真修行政治教化,当然是值得肯定的。

但是,如果帝王仅仅在遇到亟待解决的现实问题之时,才想起来实行政治教化,或者说,帝王实行的政治教化完全针对已经出现了的问题,那么,这样的治国之道就属于"临时抱佛脚"了。它固然可以解决已经出现的问题,但是,其效果仅仅停留在消极的层面上,缺乏有效地扼杀危险发生的预防机制。正是在这个意义上,臣子向唐太宗谏言"人主虽欲改悔,未有重能安全"。

那么,如何看待国君修行政治教化的恰当时机呢?

"当修之于可修之时",这是从根本上解决此类问题的办法。在今天看来,其蕴藏的深刻意义在于,国君修行教化的最终目的是让天下百姓生活幸福、国家安定,而不是在人民遭受苦难之后再行救助,也不是在国家出现祸患之后的补救。姑且不说灾害事变发生之后,君王实行的政治教化能否有效地起到作用;就算可以平息祸患,天下还不是为此而震动不安吗?

行动指南

在制定各种规章制度的时候,要善于把握制定和出台的时机,不要等到事情已经出现,才想起来应对。

通过政策规划的实施把有可能出现的问题及时扼杀在萌芽状态,防患于未然。

星期五
知其身之有失

故人主每见前代之亡,则知其政教之所由丧,而皆不知其身之有失。

——《贞观政要·奢纵第二十五》

【译文】

所以后代的国君每次看见前朝的灭亡,才知道前朝的政治教化失败的原因,可是完全不知道自己本身有什么过失。

在中国历史上,提到历史兴亡,大凡都会想到夏桀、殷纣、周幽王、周厉王、隋炀帝等著名的暴君。如果给这些暴君依照年代次序安排一下,我们会发现一个非常耐人寻味的现象,就是后代帝王无不知道前代覆灭之惨痛,甚至嘲笑前代覆灭之无能。但结果呢,正如殷纣王嘲笑夏桀亡国,周幽王、周厉王嘲笑殷纣王灭亡,隋炀帝嘲笑北周、北齐丧国,最终嘲笑者和被嘲笑者一样,都落得了国灭身亡的悲剧。

作为亲眼见证了隋炀帝覆灭的君王,唐太宗对隋炀帝国破身亡的印象是极其深刻的,他也常常警示自己,不要重蹈隋炀帝覆辙。但是,现在看隋炀帝灭亡的笑话,难道不和当年隋炀帝看之前帝王亡国的笑话一样吗?

这不仅对于古代帝王有着深刻的警示意义,即使对于现代企业管理者也同样有警示意义:当你在看此前一个又一个的企业失败时,你是否会想到,此前失败的企业管理者也曾和你一样看过那些失败。

行动指南

在总结此前企业失败教训的时候,要保持双重的危机意识:一是吸取失败者的教训,不要重蹈覆辙;二是明白自身的过失,即在警醒自己不要重蹈覆辙的同时,应该明白自身过失何在。

星期一

重百姓苦乐

自古以来,国之兴亡不由蓄积多少,唯在百姓苦乐。

——《贞观政要·奢纵第二十五》

【译文】

自古以来,国家的兴亡不在于积累财物的多少,只在于老百姓的苦乐。

笔　记

自古以来,国家成败兴亡已经属于一种正常的社会历史现象,至于其中原因,不同历史时期国家各不相同,那么,是否有一种可以当作普遍性的规律可以总结呢?马周向唐太宗提出的重视百姓苦乐的谏言,为我们提供了重要的思路:

一是君王对待财物蓄积的态度。财富积累的多少,是衡量一个国家繁荣的重要标志,但这不是唯一的标尺,更不等于说只要财富积累得多,国家就必然强盛。如果通过横征暴敛的方式积蓄财富,积累的财富越多,隐藏的祸患越大。而如果君王把财富更多地分配给人民,让人民富足,不以搜刮财富填充国库为目的,这样的国家即使积蓄贫乏,也是强大的。因此,国家兴亡的关键不在于财富多少,而在于财富是如何积累的。面对无限财富,不要盲目乐观和满足,而要忧虑其中隐藏的祸患。

二是对待百姓苦乐的态度。积累财富的目的并不是满足帝王个人的欲望享受,而是要为天下百姓着想。如果百姓生活在水火之中,即使面对堆积如山的财富,也都是一种可怕的灾难,所以,圣明的帝王应关注天下百姓的态度,而不是金钱。

历史上无数帝王丧国之悲剧,虽然原因各不相同,但上述帝王对待财富积累和百姓苦乐的态度无疑是贯穿其中的一根主线。今天,无数的企业在激烈的市场竞争中倒闭,其中不乏财大气粗的大财团。其实,当员工们无法从亲手创造的财富中获得实惠的时候,企业已经埋下了覆灭的种子。

行动指南

积极为公司创造和积累更多的财富,但不应该以积累财富的多少作为衡量企业成功的标志。

星期二
有余力而后收

但贮积者固是国之常事,要当人有余力而后收之。若人劳而强敛之,竟以资寇,积之无益也。

——《贞观政要·奢纵第二十五》

【译文】
只是储存积累财物本来就是国家的正常事物,重要的是在老百姓有了余力再去征收。如果老百姓劳累不堪而去强行征收,最终还是资助了贼寇,这样的贮存积累是没有好处的。

笔 记

为了劝谏唐太宗不要轻易动用民力,保持节俭之风,手下臣子曾向太宗讲述了如下几个因为贪婪地积累财富而导致灭亡的故事:隋朝在洛口储存的粮食,结果被李密夺取;在东京洛阳储存的布帛,结果被王世充占有;在西京府库的财物,最终被李唐天下占有。

凡此种种,对唐太宗有着重要的启示意义:

一是不要把存储财富这个国家正常之事当作一种目的,而是应该还原它工具的本质。如果把存储当作目的,就意味着不管百姓生活是什么情况,都必须完成赋税钱粮上交的任务。这样税负虽然能如数征集,但是,人民的生活更加困苦不堪。如果把储存财富作为工具,那么,统治者就不会因为征集财富而扰民。

二是"要当人有余力而后收之"。这需要帝王保持民本的思想,关怀天下民众,根据民众生活实际状况来决定存储财富的多少。

三是"劳而强敛之"的后果则是"竟以资寇"。虽然征收者并不想把辛辛苦苦搜刮来的财富交给贼寇,但是,因为征集存贮的方式已经触动了人民的利益,必然导致民心反叛。一旦贼寇作乱,百姓并不会站在统治者一边,如此一来,这种财富积蓄就"积之无益也"。

行动指南

对待员工的待遇问题,固然不可能无限地满足每个员工的要求,但是,必须保证员工生活的基本条件。反之,对待员工提出改善待遇的要求,也应该在企业自身能够保证充足的生存空间的基础上进行,而不是为了讨好员工而不顾一切地滥发奖金。

星期三
解 爱 财

朕尝谓贪人不解爱财也,至如内外官五品以上,禄秩优厚,一年所得,其数自多。若受人财贿,不过数万,一朝彰露,禄秩削夺,此岂是解爱财物?视小得而大失者也。

——《贞观政要·贪鄙第二十六》

【译文】

我曾说,贪财的人并不真正懂得爱财。例如当今内外官员五品以上的,俸禄优厚,一年内得到的财物数量自然很多。如果收受他人的贿赂,也不过得到数万,一旦暴露出来,俸禄就会被剥夺,这难道能算是懂得爱财吗?这是只看见小的好处,而失掉了大的利益。

笔 记

贞观二年(628),唐太宗对身边的大臣谈论官员如何对待贪财之事,提出那些贪财之人实际上并不真正懂得如何去爱财。他以历史上的公仪休喜欢吃鱼，但他不收别人送的鱼，却长期能吃上鱼为例子，指出真正懂得和理解爱护财物的人，应该明白如下几个方面：

一是身外之财不可贪。当朝官员俸禄优厚，足以供养自己和家人，如果真正懂得爱护财物，就应该珍惜这个来之不易的"金饭碗"。若贪图他人的财物，到东窗事发的时候，失去的不仅仅是收受的财物，还有优厚的俸禄。

二是不要因小失大。收受他人贿赂不仅是贪婪的表现，还是一个人处理问题眼光短浅的结果。收受贿赂固然容易，但是，要考虑到这份身外之财与个人正常职位和俸禄之间的利害关系，为了小小的贿赂而失去职位和俸禄，就是因小失大。

行动指南

第一，不要过分贪婪，对待那些需要付出大风险才能获取的小利润，要保持足够的慎重，不能因小失大。

第二，对于那些可以不劳而获的利润，更要保持警惕。

星期四
勿贪鄙

且为主贪，必丧其国；为臣贪，必亡其身。

——《贞观政要·贪鄙第二十六》

【译文】
作为一名国君如果贪财，必然丧失他的国家；作为臣子如果贪财，必然丧失他的性命。

笔记

《诗经》云："大风有隧，贪人败类。"意思是大风因为隧道而生成，贪财的人败坏同类。唐太宗曾经借着这句话为身边大臣讲述了蜀人因为贪财而丧国的悲剧。相传秦惠王想征伐蜀国，不知道前往蜀国的道路，就雕刻了五头石牛，在后部装着黄金。蜀国人看见了，以为石牛会拉出黄金。出于贪婪，蜀王就派人把石牛拉入蜀国，由此形成了通往蜀国的大路。秦惠王随后立即派遣军队，顺着这条蜀国人自己修建的道路，向蜀国发起攻击，结果蜀国因为蜀王的贪婪而亡国。

由此观之，国君因为个人的贪婪，损失的并非只是个人至高无上的地位和尊严，还有整个国家和人民。唐太宗以此警示自己，既是政治家时刻保持冷静头脑的证明，同时，也是对现代领导者不要因为个人私欲而牺牲整个团体的重要警示。

当然，唐太宗身为一国之君，对于贪婪卑鄙的人性的警惕，除了顾及个人道德修养和君王使命，还有一个更现实的目的是以此来警示臣下。所以，在讲述完"为主贪必丧其国"的道理之后，唐太宗进而指出臣下贪婪必定身亡的道理。他以汉朝大司农田延年贪赃枉法三千万，最终东窗事发自刎而死的例子，告诫臣下也务必戒除贪婪卑鄙。

行动指南

第一，在追求商业利润之前，需要反省这种利润追求是否属于个人私欲上的贪婪和卑鄙。

第二，勿贪鄙并不等于永远满足现状，追求商业利润是企业生存和发展的驱动力，管理者应该把贪婪卑鄙和积极进取区分开来。

第三，追求利润必然承担风险，为了企业生存而不惜风险的冒险是正确的，但为了获取更多的财富而让企业冒险则是贪鄙的。

星期五
兢兢业业

朕终日孜孜，非但忧怜百姓，亦欲使卿等长守富贵。天非不高，地非不厚，朕常兢兢业业，以畏天地。

——《贞观政要·贪鄙第二十六》

【译文】

　　我整天孜孜不倦，不仅仅是同情怜悯天下百姓，也希望你们能够长久保持富贵。天不是不高，地并不是不厚，然而我常常兢兢业业，就是因为心怀对天地的敬畏。

笔　记

　　在常人看来，所谓的兢兢业业必定是整日忙于事务，乃至废寝忘食、宵衣旰食。这在传统观念中一直被认为是个人品德修养高尚的重要标志，大凡古代圣明之君王，无不属于这种兢兢业业者，如夏禹、商汤、周文王等。

　　其实不然。上述勤劳辛苦只不过是帝王兢兢业业的一个方面，而且是最浅显的一个层面。正如唐太宗所言，"终日孜孜"，但是其内心却是"非但忧怜百姓，亦欲使卿等长守富贵"。

　　一方面，一个帝王为什么要如此辛劳？不是出于个人私欲，而是心中怀有天下百姓和臣子，这是兢兢业业辛苦工作的驱动力。

　　另一方面，一个帝王保持行动上的勤奋就算是圣明之君？如果出于个人私欲的贪婪，即使整日孜孜不倦，仍然是圣明之君所不齿的。只有为百姓而忙碌，为臣下而辛苦的君王，才能被敬仰。

　　唐太宗的兢兢业业之论，既为古代圣明之君树立了勤奋辛劳的榜样，同时也启示后人勤奋辛劳并不是衡量和评价领导者成就高下的唯一标准，更要看兢兢业业者心中所想的是自己还是别人！

行动指南

　　努力塑造辛劳勤奋的领导形象，但是，兢兢业业的动力应该来自为全体员工谋福利。

　　优秀的领导不应该认为自己的辛劳是对员工付出的额外劳动，而应该认为这就是自己应为员工所尽的义务。

识前言往行

星期一
恐惧害命

若徇私贪浊，非止坏公法，损百姓，纵事未发闻，中心岂不恒恐惧？恐惧既多，亦有因而致死。

——《贞观政要·贪鄙第二十六》

【译文】

　　如果徇私舞弊，贪污财货，不仅败坏国法，损害百姓，即使事情尚未败露，内心又怎能不常常恐惧不安呢？恐惧一多，也有因此而导致死亡的。

笔　记

　　古人云："不做亏心事不怕鬼敲门。"但凡一个人做了有愧之事，无论如何保持镇静，都不可能做到如常人一般的坦然。同样，一个政府官员，如果违反了国家法纪、损害了百姓利益，必然内心不安，唯恐有一天事情突然败露而身陷图圄。

　　唐太宗面对身边群臣，坦言自己内心不安，忧虑恐惧不能让天下百姓和官员生活得更好。这也是无法坦然的内心不安。但是，这两种不安却有天地之别。前者是担心东窗事发、自身利益受损的恐惧，后者则是忧国忧民、唯恐苍生不幸福的焦虑。

　　但是，唐太宗此语并非在向群臣炫耀自己境界如何之高，除了警告臣下要尽职尽责、不要徇私枉法之外，还在于道出一个颇有哲理意味的道理：一个违反法纪的官员，即使事情不暴露，隐藏得再深，总有一天会产生巨大的祸端，而祸端的起因在于日积月累的恐惧不安。

　　在今天，从心理学的角度而言，唐太宗的话是符合客观规律的。一个长期生活在忧惧中的人，身心的健康将会受到极大损害。虽然说致死多少有点夸大其词，但是，至少潜存着损害身心的隐患，却是不争的事实。

行动指南

第一，不要做有损企业的事情，以免内心为此惊惧不安。

第二，不要把为企业发展的焦虑极端化，要乐观地面对企业未来，及时化解内心的焦虑。

星期二
履忠正，蹈公清

今人臣受任，居高位，食厚禄，当须履忠正，蹈公清，则无灾害，长守富贵矣。

——《贞观政要·贪鄙第二十六》

【译文】

现在臣子们接受任命，身居高位，享受优厚的俸禄，应当做事忠诚正直，遵循清正廉洁的原则，那么，就不会有灾难祸害发生，可以长久地保持富贵了。

笔 记

古人说："鸟栖于林，犹恐其不高，复巢于木末；鱼藏于泉，犹恐其不深，复穴于窟下。然而为人所获者，皆由贪饵故也。"贞观十六年（642），唐太宗对身边大臣讲述了上述古语，然后指出为人臣者应该尽职尽责，其目的非常明确：

一是劝诫人臣应当"履忠正，蹈公清"。这既是要求臣下履行自己的职责，同时，也不要贪图不义之财。正如自然界的鸟儿和鱼儿一样，本职工作完成得很好，但是，却因为贪心而被捉住。一个官员如果因为贪心，也会落得和古人说的鱼、鸟一样的下场。

二是告诉人臣要想保住自己的富贵和生命的安全，最好的办法不是寻找躲藏的地方，如鸟儿把巢穴建在高高的树梢上，鱼儿藏在水底下的洞穴中，藏身之所可谓安全至极。但是，因为贪心，再安全的地方都会失去意义。所以，官员们最安全的藏身之所就是坚持公王廉洁。

今天,许多管理者因为手握权柄而滋生贪欲,为了防止事情败露而处心积虑寻找退路,但天网恢恢,最终还是难逃法网。鉴于此,当牢记唐太宗所言:"当须履忠正,蹈公清,则无灾害,长守富贵矣。"

行动指南

面对财富,要能抵制住诱惑。

星期三

以德行、学识为本

为政之要,惟在得人,用非其才,必难致理。今所任用,必须以德行、学识为本。

——《贞观政要·崇儒学第二十七》

【译文】

治理国家的关键,在于选拔、得到人才。如果用人不当,天下一定不会太平。如今用人,必须将道德品行、学问见识作为选拔任用人才的根本。

笔 记

贞观二年(628),唐太宗忠告臣下用人治国之道,提出以德行、学识为本的主导思想,其内涵可以表述为如下几个方面:

一是治国之道固然要树立"惟在得人"的观念,但仅有这个是不够的。因为谁都知道人才的重要,但是,如何选拔人才才是最重要的。

二是选拔人才需要有标准,但标准并不是唯一的。不同的时代,用人的标准也不一样。

三是选拔人才的标准是"以德行、学识为本"。这虽然是太宗时期制定的选拔人才的标准,但是,品德修养和学问见识无疑是任何时代都需要的基础。

今天,无数企业为选拔人才而头疼不已。其实,不妨借鉴唐太宗选拔人才的标准,可以简化为两点:一是人的品德修养,二是人的学问见识。拥有这两条足以为企业所用。

行动指南

第一,注重考察德行和学识,以此作为衡量人才的重要标准。

第二,人才选拔的标准并不是唯一的和固定的,要根据时代发展和市场需要而改变,但德行和学识永远是基础。

第三,以德行和学识为重,并不是要两者都具备才算人才。在无法兼得的情况下,可以充分利用其一,发挥特长,遏制其不足。

星期四

识前言往行

人臣若无学业,不能识前言往行,岂堪大任。

——《贞观政要·崇儒学第二十七》

【译文】

臣子如果没有学问,不能了解古人历史上的诸多言行,怎能担负起重大的责任呢?

笔 记

人才必须有学问,这一点几乎是毋庸置疑的。但是,所谓的有学问,毕竟是一个极其抽象而模糊的词语,因为我们在生活中很难限定有学问的程度。唐太宗在用人标准上,坚持人才的学业考察,这一点符合历史上一贯的用人取向。同时,作为杰出的政治家,唐太宗毕竟比一般人要聪明得多,他以历史上鲜明而生动的例子,诠释了人才有学识的重要尺度。

据史书记载,汉昭帝时,有人冒充卫太子,围观者多达数万,都被迷惑。京兆尹隽不疑比照《春秋》记载的蒯聩故事将那个人逮捕治罪。昭帝说:"公卿大臣应当选用通晓经学儒术而又明白古代大义的人,这本来不是一般的刀笔吏所能企及的。"

由此看来,唐太宗对人才有学识的衡量标准,并不是模糊而抽象的,而是对历史上人物和事情的了解程度。这一点对于考察人才是否为华而不实的空论者具有重要的方法论意义。

今天,我们诸多管理者在考察人才的时候,往往被那些口若悬河、能言善辩之人所迷惑。这样的人被任用到重要职位上,空有华而不实的知识,却无法在实践中有所发挥。因此,现代企业领导者当深思唐太宗的"识前言往行"之说。

行动指南

记住历史并非为了炫耀知识的丰富,而是为今天的行为提供参考,获取现成的经验,避免再走弯路。这应当成为现代管理者衡量自己学识是否丰富的重要标准,同时,也是选拔人才的标尺。

星期五
勤 道 艺

夫人虽禀定性,必须博学以成其道,亦犹蜃性含水,待月光而水垂;木性怀火,待燧动而焰发;人性含灵,待学成而为美。是以苏秦刺股,董生垂帷。不勤道艺,则其名不立。

——《贞观政要·崇儒学第二十七》

【译文】

虽然上天赋予每个人固定的禀性,但是,必须博学才能有所成就,就像大蛤本性含水,只有等月光照射时才喷出水形成美丽的图案;木材本身包含易燃的因素,但要靠钻动燧石才能燃烧发出火焰;人的本性中包含着聪明灵巧,但要通过学习知识才能显出美的本质。所以,当年苏秦学习锥刺大腿,董仲舒读书放下帷帐。不勤奋修行道德和学习技能,功名就无法建立起来。

笔 记

唐太宗曾经和中书令谈论人的本性和学习的问题,直言应该"勤道艺",其主要思想包括如下几个要点:

一是人的本性由上天赋予,但是必须依靠博学才能有所成就。在唐太宗看来,"人性含灵",但此灵巧不经过学习的打磨和陶冶,就无法显示其耀眼的光辉。这种说法其实是标准的儒家思想,荀子曾说"无伪则性不能自美"。所以,当一个官员自恃拥有聪明过人的资质而不继续学习,将不会有所成就。

二是人的才能需要学习来磨炼,而且只有经过艰苦异常的学习,才能有所收获。战国时期的苏秦,潜心学习,读书困倦想睡觉的时候,就用锥子刺自己的大腿,最终学有所成。而汉代名儒董仲舒在讲学时,为了专心教书,放下帷幕,弟子都无法和其见面,最终成为著名大儒。这些人都拥有优异的天赋,更付出了常人无法忍受的艰苦,终于有所成就。

今天,我们企业管理者也在积极倡导勤奋,但是,究竟应该怎样才算勤奋,应该怎样看待勤奋和天赋的关系,往往混淆不清。唐太宗的"勤道艺"之说,无疑具有积极的启示意义。

行动指南

不自恃个人的聪明而放弃学习,应该时刻铭记"人虽禀定性,必须博学以成其道"。

星期一
以学饬情

夫人性相近,情则迁移,必须以学饬情,以成其性。

——《贞观政要·崇儒学第二十七》

【译文】
　　人的天性相近,但是人的情感却随时改变,必须通过学习来驾驭控制人的情感,以此来成就人的本性。

笔 记

　　《礼记》云:"玉不琢不成器,人不学不知道。"由此导致的一个必然结果是,后天学习的作用被充分认识,并且被赋予崇高的内涵。所以,自古以来,人们以勤奋学习为美德。

　　"人性相近"是后天学习的历史背景。人与人之间固然存在资质禀赋的差异,但是,由于本性相近,所以,这种差异并非是不可弥补的。除了极少数所谓的天才之外,绝大多数人之间的差异都可以用后天的学习加以补偿。这是"以学饬情"的前提。

　　"情则迁移"是后天学习的现实基础。本来人的感情变化与学习并没有必然的联系,但是,由于人的情感冲动极其容易引发道德危机,从而导致滥用职权、徇私枉法等行为。所以,如何控制和驾驭情感,就成为学习的重要目的和必须承担的职责。

　　"以成其性"是后天学习的必然结果。这里的本性虽然早由天赋注定,但是,天赋的只是其中的一部分,而绝非全部,那么,剩下的就可以在后天作用下向好的方向转移,由此塑造完整的人性。

　　当下,现代企业管理者对员工的学习也很重视,但是,往往流于形式,根本无法真正触及人性。其中一个重要原因在于没有真正领悟"以学饬情，以成其性"的内涵。

行动指南

第一，以"人性相近"鼓励员工积极参加学习培训，增加员工读书学习的信心。

第二，以"情则迁移"教育员工参加学习的必要性和重要性。

第三，以"以学饬情，以成其性"在员工中构建学习与做人之间的关联，把后天学习上升到人性提升的重要地位。

星期二
勤　政

太宗初践阼，即于正殿之左，置弘文馆，精选天下文儒，令以本官兼署学士，给以五品珍膳，更日宿直，以听朝之隙引入内殿，讨论坟典，商略政事，或至夜分乃罢。

——《贞观政要·崇儒学第二十七》

【译文】

唐太宗刚登基，就在正殿的左边，设置弘文馆，精选全国通晓儒学的人，让他们保留原来的官职兼做弘文馆学士。供给他们上好的美食，安排他们轮流在皇宫里值班，在皇帝上朝的间隙召其到内殿，讨论古代的典籍，商量谋划施政大事，有时讨论到半夜才停止。

笔　记

勤劳是人类最重要的德行之一，它能够带来喜悦，产生信赖，产生财富。而作为统治者，在勤劳这一品质上最重要的体现是——勤政。恪尽职守、勤于政事，历来为各朝各代的开明统治者所提倡，为百姓所称颂，也为儒家思想所肯定。

唐太宗作为一代明君,登基初年,一心励精图治,设立了弘文馆,精选人才,并主动与他们探讨治国大业,有时竟能讨论到半夜,可见他深谙"勤政"之理并身体力行。一个国君能够为社稷尽心尽力,勤政如此,不得不让人慨叹和佩服。

古语有云:"业精于勤,荒于嬉。"不勤,无以成就事业。对于自己的事业,要时刻用心去开拓,应有积极的工作态度和锐意进取的精神,不应当安于现状、得过且过。经营管理者作为企业领路人,作为全体员工的榜样,如果都不能够做到"勤政",势必会给部属产生不良影响。一个疏于事业的领导怎么能够让部属信服,又怎么能够管理好下属呢?

行动指南

管理者要将"勤政"作为一种习性,作为领导者的一种德行,不断地加以培养。

星期三
养才育才

学生通一大经以上,咸得署吏。国学增筑学舍四百余间,国子、太学,四门、广文亦增置生员,其书、算各置博士、学生,以备众艺。其玄武门屯营飞骑亦给博士,授以经业,有能通经者听之贡举。

——《贞观政要·崇儒学第二十七》

【译文】

学生中精通一大经以上的,都能被授予官职。国学馆增修了四百多间学舍,国子监、太学、四门馆、俊士馆也都增加了学生名额,书学、算学各设立了博士,配备了学生,以培养更多身具各种专门技艺的人。从玄武门起,驻守宫廷的兵士也配备博士,教他们读经书,若有能够通晓经书的,向皇帝推荐。

笔 记

贞观二年(628),唐太宗广招天下儒生才俊,赐给他们布帛,供给他们驿车,并命令他们集中到京城,破例予以提拔,赐予官职。他大力兴办学校,甚至还给一些武官配备博士,以教其学习经书,优秀者还可以推荐做官。不仅如此,他还十分注重专门人才的培养,设立一些专业学科,配备学生。可见唐太宗对人才的选拔和培训很重视,他将养才育才作为国家兴盛的一项要务。正是这样丰富的人才储备,才使得"贞观之治"成为一种可能,才不至于出现"才到用时方恨少"的困境。

现如今,在激烈的市场竞争中,人才已成为企业发展所必备的首要资源,"谁占有了人才,谁就拥有了主动"。我们现在所说的"人才培养"与唐太宗的人才策略应当是一致的,它包含两个方面——养才和育才。一方面,注重养才,即重视人才储备以及后备人才梯队的建设;另一方面,就是育才,即为员工提供培训机会和成长空间,实现人才的不断优化。两者不可偏废。

行动指南

第一,树立正确的人才理念和培养理念。

第二,企业领导者必须担负起养才育才的责任。

星期四
勤学乃美德

《礼》云:"玉不琢不成器,人不学不知道。"所以古人勤于学问,谓之懿德。

——《贞观政要·崇儒学第二十七》

【译文】

《礼记》上说:"玉石不雕琢就不能成为有用的物品,人不学习就不知道做人做事的道理。"所以,古人将勤于学问称之为一种美德。

笔记

"玉不琢不成器,人不学不知道。"中国历史上有太多的勤学励志故事:孔子"韦编三绝"、匡横"凿壁借光"、车胤和孙康"囊萤映雪"、孙敬和苏秦"悬梁刺股"、张芝"临池学书"等，这些都充分说明了古人已认识到后天勤奋学习对于将来成就一番事业的重要性，并且认为勤于学问是一种美德。

一个跨国公司的总裁到中国分公司考察，分公司总经理逐一介绍到场的管理层人员，总裁听了介绍，觉得大家都很优秀，感到很高兴。他说："为了加深了解，请大家轮流谈一谈最近都看了什么书？有什么体会?"结果只有一位管理者谈了最近读的书。总裁很是失望，说："没有学习意愿的人，不可能是一个合格的管理者。"

其实，把是否有学习意愿看作衡量管理者素质高低的重要标准，并不只是这位总裁的心血来潮，而是已经成为共识。这个时代，知识正以惊人的速度增长和传播。如果一个管理者缺乏学习热情，整天忙于应付日常事务，不但原来的知识，甚至思维习惯等都会停滞不前，而且眼光会变得越来越狭隘。同样，一家企业如果不能随着市场的变化不断进步，随时都可能被淘汰。李嘉诚曾经说过，在他当学徒的时候，不管工作多么辛苦多么劳累，他都坚持一边工作一边学习，因此每天都有提高。的确，正所谓"才须学也，非学无以广才"，不管你想要习得知识，还是想拥有某种技能，你都必须勤学苦练才可能有所获得，天下没有不劳而获的东西。

行动指南

不要以事务繁忙为借口，忘记学习或是放弃学习。勤学善思是一种美德，自我提升是没有止境的，抽出空来读几本书吧，你会发现自己正不自觉地丰富起来。

星期五
词理切直

其有上书论事，词理切直，可裨于政理者，朕从与不从皆须备载。

——《贞观政要·文史第二十八》

【译文】
如果有人上书论述政事，只要言辞直率，道理中肯，能够对国事政务有帮助的，无论我是否采纳，都要详细加以记载。

笔 记

贞观初年（627），唐太宗对负责修编国史的房玄龄谈起历史编纂问题，直言历史上记载的汉代扬雄、司马相如、班固等人的赋，在言辞上过于追求辞藻的华美，但没有劝诫人的作用，令人奇怪的是，这些作品居然可以被记录在史册上。为此，唐太宗要求房玄龄等人，对于臣属上书文字，只要能够做到"词理切直，可裨于政理者"，都应该加以详细记录。

自《史记》开创中国历史编写"不隐恶"的风格以来，真实而客观地记录事件遂成为历史编纂的最基本思想。虽然任何历史记载都不可能做到完全真实与客观，但在皇帝拥有无限权威的年代里，一个史官要做到真实记载帝王言行是何其困难，这不仅需要帝王拥有开阔的胸怀，还需要史官拥有敢于如实记录的魄力。唐太宗在此提出臣下上书不论自己从与不从皆须记载，可见其绝不隐藏自身的缺点。这是理解"词理切直"的第一个要点。

理解"词理切直"的第二个要点在于，唐太宗坚持"可裨于政理"的社会功用思想，而并非文书言辞本身是否华美。太宗鄙视西汉时期的赋，其原因在于漂亮文辞背后内容的空洞，这是问题的关键。

"词理切直"看起来是唐太宗和臣下讲述语言表达的问题，其实是帝王对待自己功过的态度问题，以及管理任用人才的标准和导向问题。

行动指南

对待员工的提议要借鉴"词理切直"的思想，以朴实无华而切中要害来引导整个团队务实之风。

第三周

惟在德行，何事文章

凡人主惟在德行，必要事文章耶？

——《贞观政要·文史第二十八》

【译文】
　　凡是做君王的只在于道德品行的修养，何必要从事文章的写作呢？

笔　记

　　贞观十一年（637），有臣下请示唐太宗把文章编辑成册，被唐太宗以"凡人主惟在德行，何必要事文章耶"而拒绝。其要义可以从如下几个方面加以分析：

　　一是唐太宗认为"惟在德行"，并不是对文章完全采取贬低的态度。因为在他看来，制定的国家政策，如果对人民有好处，历史都会如实记载，这足以令其荣耀。如果君王治国无道，即使文章辞藻华丽也会被后世耻笑。因此，为帝王编辑文集保留荣耀的想法，应该从德行考虑，而不是文章自身。

　　二是为帝王著书立传并非不可取，因为把帝王言行记录在历史书中，不仅是历史官员的本职工作，而且是监督帝王治国之道的重要工具。所以，唐太宗反对的是为了著书而著书的做法，并不是反对著书本身。

行动指南

　　借鉴唐太宗"惟在德行，何事文章"的思想，树立以德立传才可以永恒的思想，而不是刻意地美化粉饰自己。

星期二

忠于职守

太宗曰："朕有不善,卿必记耶?"遂良曰:"臣闻守道不如守官,臣职当载笔,何不书之?"

——《贞观政要·文史第二十八》

【译文】

太宗说:"我有做得不合适的事,你一定要记载吗?"褚遂良说:"我听说遵守道义不如忠于职守。我的责任是记录,为什么不记录呢?"

笔 记

贞观十三年(639),褚遂良任谏议大夫兼管编撰起居注。太宗问他:"你近来编纂起居注,记录了那些事? 可不可以让我自己粗略地看一看? 我想看这些记载的原因,不过是看看所作所为的得失,用来警惕告诫自己罢了!"褚遂良说:"现在的起居注,就是古代的左史和右史,皇帝的言行不论好坏都记录下来,警戒皇帝不要做非法的事,没有听说皇帝要亲自翻看起居注的。"太宗说:"我有做得不合适的事,你一定要记载吗?"褚遂良说:"我听说遵守道义不如忠于职守。我的责任是记录,为什么不记录呢?"

这则故事所要传达的一个核心思想就是:忠于职守。忠于职守就是要坚守岗位,兢兢业业做好本职工作。如果每个人都能够忠于职守,那么每个人的工作都会变成一种具有象征意义的东西,变成一种承诺和荣誉的象征。在职业生涯中,忠于职守,更多地表现为敬业精神和责任意识,这会使人感到踏实和值得信赖。

不论你是管理者还是别人的部属,敬业精神和责任意识永远是一种值得赞扬的优秀品质。在工作中,有些管理者常常会批评那些忠于职守甚至有点刻板的员工,但要知道,他们往往是最忠诚敬业、最勇于承担责任的一群人。

行动指南

忠于职守,爱岗敬业,勇于承担自己应负的责任。

星期三

垂法将来

今宜依据礼典，务从简约，仰效先哲，垂法将来。

——《贞观政要·礼乐第二十九》

【译文】

现在应该依据礼法典制，务必遵行简约，效法前朝圣人，给后世留下可行的法则。

笔　记

唐太宗在继位后不久，借避讳之事，劝诫大臣制定政策应该依据礼法，为后世树立榜样。

在封建时代，由于帝王拥有至高无上的权威，为了维护皇室的尊严，臣民要对帝王的名字有所避讳，即不能直呼帝王姓名中的任何字，如果自己的姓名中有和皇帝重复的字，就必须改成其他的字。所以，当时百姓姓名中凡是有"世民"二字的皆要改换姓名。

这种事情在当时看起来很正常，这样可以保持帝王的尊严，有利于维护人们对皇室的敬畏，以此巩固天下的稳定。唐太宗本人也必须站在这样的立场上，保持多年流传下来的礼法典制，这就是"依据礼典"的意思。

但是，唐太宗还认识到，避讳制实际上给百姓带来很多的麻烦，如此一来，废除和空缺的字必然很多，造成文字资源上的浪费。因此，有必要在维护帝王威严的同时，还能够减少废除大量文字的现象，于是，唐太宗规定只要不是"世民"二字连用就不用避讳，这就是唐太宗的"务从简约"的内涵。

唐太宗在避讳问题上表现出来的开阔心胸和不计较小节的作风，既是对前代圣人简约之风的遵从，同时也为后代树立了光辉的榜样。

现代当然不存在姓名避讳的问题，但许多企业领导常常对员工在繁琐小事上冒犯自己而大为光火，这需要领导深深反思唐太宗"垂法将来"的思想。

行动指南

在对待员工"避讳"问题上应该采取开阔的心胸，不要把领导和员工之间的职位高下当作一种凌驾于人权之上的特权。

星期四
惩革除弊

积习成俗，迄今未已，既紊人伦，实亏名教。朕夙夜兢惕，忧勤政道，往代蠹害，咸已惩革，唯此弊风，未能尽变。

——《贞观政要·礼乐第二十九》

【译文】
这些坏习惯积累成世俗，至今还没有停止，既紊乱了人伦关系，又损害了名教。我日日夜夜战战兢兢，警惕万分，忧虑政治，勤于治国之道，历代积弊都已铲除，只有这个坏风气还没有彻底改变。

笔 记

唐太宗一向主张尊重前代礼法典制，但他并不盲目遵从礼制，而是善于选择在不同时机及时清除前代积弊。改革布新，这是他取得贞观盛世的重要因素。上述这段言论鲜明体现了唐太宗对待传统继承与现实革新的态度。

一是积弊危害。积弊危害之大，并不在于弊端本身对于个人的影响，而是一旦形成一种习俗，就具有了普遍性的社会力量，如此一来，积弊对社会的负面影响在广度上和深度上就具有更大的破坏性。

唐太宗所说的积弊不过是当时山东地区几户没落的家族依仗祖宗的功劳而夸耀卖弄，在婚姻中大肆收受聘礼，败坏风俗。正是这少数几家婚姻的陋习，形成了整个山东地区高价婚姻的积弊。

二是积弊难除。唐太宗坦诚已亲自铲除了历史上的诸多弊端,但是,唯独借着婚姻勒索钱财之弊没有铲除,这并不是帝王治国的疏漏,而是积弊已成社会习俗,已经深入人心,非常顽固。这提醒我们在处理积弊时,应该保持足够的耐心。

三是忧勤除积弊。积弊固然难除,但并非无法铲除。这除了需要一个过程,更需要帝王或者领导者有忧虑畏惧之心。

行动指南

第一,要从心里意识到积弊对整个团队风气的巨大影响,树立必须铲除积弊的信心和意识。

第二,面对积弊要做好长期斗争的准备,不要期望一时能够彻底铲除,否则,往往积弊未除,又添新弊。

第三,管理者自身首先要具备革除积弊的勇气和信心,并准备为之辛勤实践。

星期五
富有求侍养

俗间以生日可为喜乐,在朕情翻成感思。君临天下,富有四海,而追求侍养,永不可得。仲由怀负米之恨,良有以也。

——《贞观政要·礼乐第二十九》

【译文】

民间认为生日可以欢欢喜喜,而对于我,心情是充满了感慨和思念。我当了君王,拥有整个天下,想要侍奉双亲,却永远无法得到。子路怀有不能为父母背米的遗恨,实在是有道理啊。

笔 记

古人向以侍奉双亲作为人伦的基本要务,所谓"孝为先",在中国具有无法撼动的地位。对于一般百姓而言,这并非什么特别困难之事。但是,对于那些肩负国家苍生幸福重担的人而言,往往是一件奢侈的事情。尽忠往往意味着无法尽孝,而尽孝往往阻碍一个人尽忠,"忠孝不能两全"。

其实,为了追求事业的成功,一个人固然需要在很多方面付出牺牲。但是,当一个人事业成功之后,是否来得及弥补呢?正如唐太宗所言,当他"君临天下,富有四海"的时候,而"追求侍养,永不可得"。因此,为了追求个人事业或者为国尽忠而失去侍奉双亲机会本已为憾事,而如果抱定功成名就之后再去补偿也往往不可得。唐太宗在富有后求侍养而不得的感慨,无疑在警示现代人应该妥善处理好个人事业、集体奉献与家庭责任之间的关系,不要企图以事业和国家为借口而逃避尽人伦的基本义务。

据说,孔子的弟子子路家里十分贫穷,他怕父母吃得不好,就到百里之外买米,背回家奉养双亲。虽然路途辛苦,但他乐意如此。后来子路发达了,家里生活条件改善了,但是他的父母却已经先后过世。为此,他非常痛心有能力报答父母的时候而父母却已经不在之事。唐太宗以子路负米之遗恨,警示当朝大臣们应该趁着父母健在而多侍奉,不要给自己留下永远无法弥补的遗憾。

行动指南

要摆正事业进步和家庭责任之间的关系,不要把个人事业永远凌驾于人伦义务之上。

事业的成功并不意味着可以弥补家庭责任上的缺憾,相反,只能增加在人伦关系上更大的缺失。

星 期 一

礼乐之作

礼乐之作,是圣人象物设教,以为撙节,治政善恶,岂此之由?

——《贞观政要·礼乐第二十九》

【译文】

制作礼乐,是圣人取法天地的物象而施行的教化,以此用来节制人的感情,治理国家政事的好坏,岂能与这个相关呢?

笔 记

古人对于礼乐的态度耐人寻味,早在孔子时代,帝王就被告诫慎重对待礼乐,尤其是只能听"雅乐",而不要沾染任何"郑声"。因为雅乐歌颂德行教化、曲调平和,而郑声则歌颂男女爱情、热烈奔放。

那么,音乐又如何与君王政事相关的呢?在古人看来,音乐可以极大地刺激人的欲望,导致君王玩物丧志,不理朝政,唯其如此,君王政治得失可以通过君王喜好的音乐看出来。倘若君王纵情于音乐,那么,政事当然荒废。同样,一个由昏庸的帝王治理的国家,也可以通过音乐曲调的雅和俗得以辨析,这样,本来属于纯粹艺术的音乐就和纯粹属于政治的治国之道联系在一起。

同样,礼制也和音乐相似,不仅属于个人礼仪、社会规范,还和君王治理国家政事的得失相关。综合起来,中国古代的礼乐就上升到君王政治层面了。

唐太宗却一反上述说法,认为音乐的制作纯粹出于圣人取法天地之象,和政治得失并无关系。这就显示了他在政治治理方面的高度自信,以及对把治国失败归罪于礼乐观点的质疑。

行动指南

不要把管理上的失败归罪于社会的"礼崩乐坏"。

星期二
尊 礼

陛下友爱之怀,义高古昔,分以车服,委以藩维,须依礼仪,以副瞻望。

——《贞观政要·礼乐第二十九》

【译文】
　　陛下友爱的胸怀和情谊高过古代,赐给他们车马冠服,封他们做藩王,他们做事必须按照礼仪行事,使他们与承受的期待相称。

笔 记

　　贞观二年(628),中书舍人高季辅上书唐太宗,近来看见太宗的儿子们向密王李元晓这样的皇帝的兄弟至亲施礼下拜,叔辈们也立即向他们回拜。他认为,王爵既然相同,那就应该遵守家庭礼节,不能颠倒了辈分,因此请求太宗加以教诲和训诫,作为永久遵守的规范。

　　高季辅认为,即使兄弟友爱,但该遵守的礼仪也不能偏废。中国传统文化里是相当强调礼节重要性的。礼,是人类文明的产物,也是人与人之间交往的工具,反映一个人的修养,也体现出一个团体的精神。有人认为,"尊礼"就是讲究各种繁文缛节,其中很多是文化糟粕而又显得过于麻烦。的确,在现如今看来,古代所尊崇的某些"礼仪规范"显然是不合时宜的,但其中更多的是合理的成分,具有可以不断传承与发扬的意义。

　　在中国,"礼仪规范"其实更多体现的是伦理道德意义上的渗透。在家庭中,体现为孝顺父母,辈分分明;在公司里,体现为尊重上司、爱戴下属等。

行动指南

公司作为一种社会组织,其内部也应当存在必要的礼仪规范,有些是无形的,有些是需要诉诸有形的文字、口号或是制度。

星期三
褒贤贬劣

剪其浮华,定其真伪,忠贤者褒进,悖逆者贬黜。

——《贞观政要·礼乐第二十九》

【译文】
除弃浮华,去伪存真,对忠贤者给予褒奖提拔,对悖逆者给予贬斥罢黜。

笔 记

古代圣明的国君治国,大都是亲贤臣、远小人,给予忠诚和有才能的人提拔和奖励,对于悖逆或是钻营之人加以贬斥和罢黜。现代的一家企业也相当于一个小国家,其用人策略也有相似之处,更加贴切地说,就是要遵循"优胜劣汰"原则。

在企业管理中,"优胜"体现在奖励体系和晋升体系上,"劣汰"则体现在惩罚体系上。但由于"劣汰"的执行阻力远远大于"优胜"的执行阻力,所以在实践中"劣汰"的执行往往很不彻底。许多管理者在面对表现不佳的员工时显得优柔寡断,他们觉得让这些员工走人是一件十分为难的事情。但卓越的管理大师韦尔奇不这么想,他认为让不合适的员工继续留在企业内是对他们的一种伤害,使他们既得不到发展也得不到他人的肯定;另外,不淘汰那些态度、能力、心智、道德中任何一个因素不符合企业要求的员工,就等于降低了组织的标准,不利于人才的长期培养。韦尔奇创立了一种曲线评估方式,在他的曲线中,可以清楚地分辨出谁是最优秀的20%,谁位于中间的70%,谁又在最差劲的10%当中。最优秀的得到奖励,最差劲的面临淘汰。

企业以赢利为目的,如果为一名不能创造价值的员工支付工资,意味着将打破精心建构起来的公司公平体制。因此,当发现谁表现总是不能够达到既定标准时,就应该毫不犹豫地请他走人。尽快处理那些表现不佳的员工,这对于企业、员工个人都是一件正确的事,而管理者不应该为此而感到难为情。

行动指南

人才管理中实行"能者上、庸者下",优胜劣汰,注意营造公平、平等的竞争环境。

星期四
竭诚关爱

顷闻考使至京者,皆赁房以坐,与商人杂居,才得容身而已。既待礼之不足,必是人多怨叹,岂肯竭情于共理哉。

——《贞观政要·礼乐第二十九》

【译文】
今日听说诸侯王派来的朝觐使臣,都是自己租房子住,与商人杂住在一起,仅仅能够容身而已。既然对他们这样不够礼遇,必定使人家多有怨叹,还怎么肯竭尽全力为国家效劳呢?

笔 记

唐太宗曾提到,古时候诸侯朝拜,朝廷会给他们提供专门休息和沐浴的地方,还有很多喂马的草料,并用对待客人的礼节来招待他们。天子白天处理朝政,晚上点着蜡烛接见他们,慰问他们的劳苦。汉朝时也为各郡在京城设立了邸第。而如今却让各侯王的使者自己租房,并且常要与商人杂居一处。他认为,这样对待地方的部属必然会引发他们颇多怨言,这样一来这些部属怎么能够全力为国家效劳呢？所以后来他命令利用京城的空闲房宅，为各州的使者建造邸第。

这给现代管理者的一个启示是：对下属要竭诚关爱，多关心下属，关注他们的生活，帮他们解决一些生活中的实际问题。这能让下属感到自己受重视，心中充满温暖。索尼公司董事长盛田昭夫也认为："一个公司最主要的使命，是培养它同雇员之间的关系，在公司创造一种家庭式情感，及经理人员和所有雇员同甘苦、共命运的情感。"让员工感到在公司就像在家一样，员工就会身安心乐，自然精诚团结，全力以赴为公司效劳。

行动指南

第一，营造愉快的工作环境。
第二，给予员工适当的关怀与认同，促成同事之间的融洽与合作。
第三，实施人性化管理，让每个员工感到被关爱，被尊重。

星期五
除祸乱之源本

塞祸乱之源本，为国家者所宜深慎。

——《贞观政要·礼乐第二十九》

【译文】

堵塞祸乱的根源，作为治理国家的人，对此要特别慎重。

笔 记

中国古代大多数史家，包括历代比较明智的统治者，大都认为社会祸乱的根源不外宦官、佞臣、外戚之祸：从吕氏称制、诸吕当权，到唐明皇时的杨国忠专权，从东汉第十一任皇帝刘志时的宦官封侯，到明朝第十五任皇帝朱由校时的魏忠贤专权。历史上的这些外戚、宦官、佞臣，不是造成皇权的丧失、皇帝的丧命，就是造成朝政的混乱、百姓的遭殃，甚或政权的覆亡。

唐太宗作为明智统治者的代表,在其当政期间,十分强调治理国家的人要能够很审慎地发现发生祸乱的根源,务必及时扼杀或去除。在如今的企业内部,经常也会有"祸乱"(或许称之为"问题"更加合适),当然每个"问题"背后都存在着"源本",而管理者的任务就是学会发现问题的"源本",不让其发生或是当其发生时顺利解决。

行动指南

培养预测和发现问题的能力,问题出现后,对问题作出三个方面的反映:首先,这是什么性质的问题? 然后,是什么原因致使问题发生? 最后,怎样解决?

无偏无党

星期一

垂笃义于将来

使无文之礼咸秩，敦睦之情毕举，变薄俗于既往，垂笃义于将来。

——《贞观政要·礼乐第二十九》

【译文】

使未成文的规定固定下来，使敦厚和睦之情发扬光大，改变以往浅薄不良的习俗，为后世留下笃守情义的榜样。

笔 记

这几条建议是由魏徵提出的，主要是针对当时的一些不合时宜的礼法，他认为需要改变。其实这对于现代管理者建立和完善公司制度同样有现实意义。

现在很多公司，特别是一些新成立的公司，制度尚不健全，也很混乱，员工考评制度、奖惩制度、休假制度等都不明确，公司管理完全是粗放式的。长此以往，公司的正常运转必然会受到影响，因此这样公司的管理者应当先"使无文之礼咸秩"，这样才能保证公司管理有章可循，避免管理混乱。

历代圣贤都把宽恕别人作为理想人格的重要标准而大加倡导。《尚书》说："有容，德乃大。"荀子主张："君子贤而能容罢，知而能容愚，博而能容浅，粹而能容杂。"可见，"能容"乃是君子的必备要素之一。当然这也是管理者应必备的要素，对待员工要有一颗"能容"之心，创造出公司内部的和谐环境，才能使得公司"敦睦之情毕举"。

"变薄俗于既往"给现代管理者的启示就是：要及时改变公司过去不合理的规章制度，改变公司内的不良风气，使得企业的制度和文化更加有利于公司发展。

"垂笃义于将来"意思是说要给后世留下笃守情义的榜样，对企业来说则应当是"垂笃义于员工",就是管理者要注重对员工进行感情投资,使员工能够感受到管理者的"情义"。

行动指南

首先,要不断完善公司的制度;其次,要努力营造公司内部团结和谐的氛围;再次,要及时改变公司内的不正之风;最后,是要对员工进行必要的感情投资。

星期二
务 本

凡事皆须务本。国以人为本,人以衣食为本,凡营衣食,以不失时为本。

——《贞观政要·务农第三十》

【译文】

凡是处理事情都必须抓住根本,国家以民众为根本,民众以衣食为根本,凡是经营衣食,以不失农时为根本。

笔 记

唐太宗所言的"务本"可以从如下几个方面来看:

一是国家之本在于人。为了维护国家的统治,必须安抚天下的百姓,这是历代统治者最终能否成为圣明之君的一个重要标志。所谓"民为贵,社稷次之",没有了人民,国家就是一个空洞的躯壳。因此,唐太宗说"国以人为本"。

二是人民之本在于衣食。安抚人民首先要满足人民的物质要求。

三是衣食之本在于不误农时。在农业社会,农业生产都要依赖大自然的"恩赐",天时和农时是左右农业生产的最根本要素。帝王要解决百姓吃穿问题,就需要特别注意保证农民耕织生产时间,积极为农民耕织生产创造更有利的条件,这就是"不失时为本"。

唐太宗谈的是天下百姓和农业生产,但这个道理并非仅仅针对治国之道。今天,现代企业管理者同样担负着以人为本的职责。而以人为本并非一句华丽空洞的话,如何做到以人为本,也许应该更多地借鉴唐太宗的思想,切实实现务本。

行动指南

第一,以企业职工利益作为企业之本,不要把企业作为管理者私人财产。

第二,企业职工之本在于解决员工基本生活问题,把关爱更多地放在员工现实生活上。

星期三
抑情损欲

夫安人宁国,惟在于君。君无为则人乐,君多欲则人苦。朕所以抑情损欲,克己自励耳。

——《贞观政要·务农第三十》

【译文】

要使人民安乐、国家安定,关键在于国君。国君能够无为而治,那么人民自然安乐;国君贪得无厌,那么人民自然困苦不堪。我之所以要抑制个人的情感、减少私人欲望,就是为了克制自己并自勉。

笔记

"安人宁国,惟在于君",唐太宗这句话并非是抬高自己。在封建社会,君王拥有至高无上的权力,国家安危当然系于国君一人身上。国君圣明,则人民必然幸福;国君昏庸,则人民其患无穷。

"君无为则人乐,君多欲则人苦",此句意在指明君王的作为和人民安乐、国家安宁之间的关联。君王能够无为而治,本来就是以人民安乐为基础的;同时,君王圣明也必然导致人民安乐;而君王贪得无厌,则必然加重对人民的盘剥。

人民生活困苦不仅导致国家不安定，还直接影响君王的统治。因而，需要君王克制私欲以利于天下安乐。唐太宗因此也"抑情损欲"。

行动指南

注意抑制情感、减少欲望，这不是禁欲主义的死灰复燃，而是提醒自己要对个人欲望加以适当的控制。

星期四
吉凶在人

阴阳拘忌，朕所不行，若动静必依阴阳，不顾礼义，欲求福佑，其可得乎？若所行皆遵正道，自然常与吉会。且吉凶在人，岂假阴阳拘忌？

——《贞观政要·务农第三十》

【译文】

阴阳禁忌，我不信奉，如果人们的行为都一定按照阴阳禁忌去做，不考虑礼制仁义，想以此求得福贵保佑，那怎么可能得到呢？如果所作所为都能够遵守正道，自然会常常遇到吉利之事。况且吉和凶都取决于人，怎么能借助阴阳禁忌来决定呢？

笔记

贞观五年（631），臣下上奏唐太宗，皇太子将要举行加冠礼，按照阴阳禁忌去做，应该选择二月作为吉日，于是奏请唐太宗批准调集士兵以供需要。唐太宗以吉凶在人作为正面回答，要求改变加冠日期，既可以避开农忙的时间，有利于人民生产，还打破了阴阳禁忌对于人的控制。

唐太宗所说的吉凶在人的观念，这常常令我们想起古希腊哲学家们的经典言论："人是万物的尺度。"事实上，人在天地宇宙之中，个体的生命是有限的，无法和永恒的自然抗衡。但是，"人定胜天"，人类的伟大在于能够能动地改造自然，创造幸福。因此,当有些人把个人的幸福委托于阴阳禁忌的时候,智者提倡要通过个人的努力去创造和争取幸福。唐太宗就属于这样的智者。

现代企业面对残酷的商业竞争,可谓吉凶难测,如何避凶得吉,从根本上说,还在于企业自身。

行动指南

企业的未来发展永远取决于企业自身,不可预料的因素固然存在,但是,不能因为偶然因素而拱手把命运交给吉凶预测。

星期五
欲天下富贵

朕常欲赐天下之人,皆使富贵。

——《贞观政要·务农第三十》

【译文】
我常常想赏赐天下百姓恩惠,使他们大富大贵。

笔　记

贞观十六年(642),天下粮食丰收,全国大部分地区的粮食价格每斗值五枚钱,最便宜的地方才值三斗钱。看到粮食丰收,百姓生活充裕,唐太宗非常高兴地对身边大臣说:"国家以百姓为根本,老百姓又以粮食为生命,现在粮食丰收,身为天下百姓父母的我,怎么能不高兴呢。不仅如此,我内心常常想对百姓施以恩惠,让他们全部得到富贵。"

从表面上看,唐太宗的想法并没有什么特别过人之处,因为皇帝既然为天下百姓之父母,那么,父母去照顾子民又有什么不应该的呢? 但问题却是,这个非常简单的道理,对于无数帝王而言却无比艰难。许多帝王不仅没有承担起照顾子民的义务,相反,还残酷地压榨和剥削人民,导致天下百姓生活痛苦不堪,乃至民怨沸腾、起义暴动。可见，让天下子民生活得以安定保障，尚且如此艰难，何况寄望他们大富大贵呢？这样看来，唐太宗的"赐天下富贵"，无疑是非常难得的。

行动指南

不仅要致力于解决员工的生存问题，还应该有欲使其富贵之心。

第二周

用法宽简

死者不可再生，用法须务在宽简。

——《贞观政要·刑法第三十一》

【译文】
　　人死了就不能再活过来，因此执行务必宽大简约。

笔 记

　　据历史记载，从贞观元年（627）到贞观四年（630），全国被判死刑的只有二十九人，几乎刑罚都要被废除了。这在很大程度上要归功于唐太宗宽松简约的刑罚，也证明了唐太宗"用法宽简"思路的正确。

　　中国历史上主张严刑治国的帝王不计其数，姑且不谈夏桀和商纣，单就秦始皇而言，重用韩非子的法家思想，以严刑重罚治理天下，结果不仅没有实现秦始皇万世统治的梦想，反而导致秦朝成为极其短命的王朝。由此证明了依靠刑罚治理天下思想的失败。

　　唐太宗对历史上帝王暴政身亡国灭的惨痛教训记忆犹新，深感亡国之痛与帝王苛政的关系，由此主张用法宽松。这既是为了维护帝国统治的稳定，同时，也在客观上反映了体恤人民生活饥苦的民本思想。

行动指南

　　第一，规章制度的制定宜宽松不宜严厉苛刻。

　　第二，执行处罚规定要尽量坚持人性化原则。

第三，用法宽松并不是姑息纵容违规者。要具有正确评估违规事件后果的能力，对于造成极其严重后果的责任人的处理，绝不该宽松迁就。

星期二

勿以天下奉一人

固以圣人受命，拯溺亨屯；归罪于己，推恩于民，大明无偏照，至公无私亲；故以一人治天下，不以天下奉一人。

——《贞观政要·刑法第三十一》

【译文】
　　本来让帝王承受天命，目的是拯救落入困境中的人，让他们能够亨通；帝王应将过错归罪于自己，把爱心施加给人民。日月的光芒不会偏照，大公无私的人不会偏袒。所以是一个人治理天下，不是让全天下侍奉帝王一个人。

笔　记

　　贞观二年（628），时任幽州总管府书记兼中书省的张蕴古向唐太宗呈奏《大宝箴》，以此劝谏唐太宗。此言论的意义可以分成如下几个层面：
　　一是帝王应该承担的职责在于"拯溺亨屯；归罪于己，推恩于民"。在臣下们看来，帝王固然拥有至高无上的荣耀，但是，要以履行拯救落入困境中的人民为前提，要以人民生活幸福为目标。这里尤其值得注意的是，臣下劝诫唐太宗要有把错误归咎于自己的自觉反省思想，不要迁怒于人民，而是要以爱心推及天下。
　　二是帝王应该达到的境界是"大明无偏照，至公无私亲"。臣下向唐太宗劝诫治国需要大公无私，不偏袒亲戚。
　　三是帝王对自己的认识和反省应"以一人治天下，不以天下奉一人"。这是臣下劝诫唐太宗的经典之语。一直到今天，我们还普遍地认为，一旦拥有至高无上的权力，就应该得到所有人的侍奉。所以，领导者往往心安理得地享受员工们对他的尊崇，久而久之就将引发骄傲自满的思想。

行动指南

第一，现代企业管理者要以"拯溺亨屯"为己任，把权力和义务对等化。

第二，对待企业经营中的失败，要有"归罪于己"敢于承担责任的魄力，不要把责任推卸到员工身上。

第三，牢记"一人治天下"的职责和义务，消除"以天下奉一人"的自我满足心态。

星期三
勿谓无知

勿谓无知，居高听卑；勿谓何害，积小成大。乐不可极，极乐生哀；欲不可纵，纵欲成灾。

——《贞观政要·刑法第三十一》

【译文】

（身为帝王）不要说不知道，处在高位就应该了解下情；不要说没有祸害，积累小毛病可以成为大祸害。享乐不可达到极点，乐极生悲；情欲不可放纵，纵欲成灾。

笔 记

用日理万机来形容古代帝王们的忙碌是相当精确的，大到国家政事，小到君臣关系，无一不牵涉到天下的安定，帝王必须每天面对繁杂的事务并作出决断。当然，也有懒得处理乐于逍遥享受的帝王，但其下场往往是，要么昏庸误国，身死国破；要么碌碌无为，毫无建树。

因此，下情虽然繁杂，但一旦关系到国家的安危，就不应该被帝王漠视，帝王也没有理由以自己国事繁忙为借口而不去了解下情。由此，臣下劝诫太宗"勿谓无知，居高听卑；勿谓何害，积小成大"。

行动指南

第一,不要以太忙而推卸知晓下情的责任,否则,日积月累,必会隐藏大的祸端。

第二,对企业问题的知情并不意味着事无巨细全部过问,而是要善于对企业事情分类处理,剔除无关紧要的小事。

星期四
勿辱士拒谏

勿谓我尊而傲贤侮士,勿谓我智而拒谏矜己。

——《贞观政要·刑法第三十一》

【译文】
　不要自以为尊贵就态度傲慢,贬低侮辱贤能之人;不要自以为智慧聪明就拒绝臣下规劝,骄傲自满。

笔 记

臣下劝诫唐太宗保持尊敬人才之心,而不要凭借个人智慧骄傲狂妄,这有着深刻的历史背景。

就前者"勿谓我尊而傲贤侮士"而言,据说当年的夏禹为了接待访问的人,经常在吃一顿饭的时间里要站起来十次,绝不怠慢来访的人,由此获得圣贤之君的美名。就后者"勿谓我智而拒谏矜己"而言,据说三国时期的曹丕要从冀州迁移十万户去充实河南,群臣上谏反对,曹丕不从。当时有个大臣辛毗再去上谏,曹丕不答应而入内,大臣辛毗竟然直接拉住他的衣服谏言,最后曹丕终于免去十万户的迁移之苦。

臣下以此事例企图劝谏唐太宗保持对待人才的尊敬之心,同时警惕自恃智慧而拒绝臣下的谏言。

行动指南

对待人才要始终保持尊敬的态度,不要因为自己权位高而傲慢对待人才。不要依仗个人的聪明才智拒绝员工的谏言,始终保持言路的畅通。

星期五
无偏无党

《书》曰:"无偏无党。"一彼此于胸臆,捐好恶于心想。众弃而后加刑,众悦而后命赏。弱其强而治其乱,伸其屈而直其枉。

——《贞观政要·刑法第三十一》

【译文】

《尚书》中说:"不偏私,不阿党。"君王在心中要一律平等对待他人,抛弃个人的好恶情感。众人都厌恶的就加以刑罚,众人都赞扬的就加以奖赏。使强悍的被削弱,混乱得到治理;使冤屈得以昭雪,诬枉得以纠正。

笔 记

在古人看来,所谓的"无偏无党",就如同用秤来称重量,不用数字显示物体的重量,但是,悬挂上去东西的轻重自然就会得以显示;如同水面和镜子,不显示物体的形象,却可以让照到的东西的美丑自然显露。体现在治国之道上,可以从如下几个层面来分析:

一是人的内心要力求无私。只有保持主观意念的无私,才有可能保持行为的无偏无党状态。因此,古人劝诫帝王做事实现无偏无党,首先要做到净化内心,这就是"一彼此于胸臆,捐好恶于心想"。

二是人的行为要保持公正。即使人的出发点是无私的,但在处理具体问题时总会受到环境的影响。如何防止赏罚不公呢?就要依据公正的客观原则。例如以人心向背来决定赏罚,这就是所谓的"众弃而后加刑,众悦而后命赏"。

三是在事态效果的追求上，要保持整个局势的稳定。对于过于强势的力量，帝王在处理过程中要加以削弱，以此增强弱者的实力，维护整个大局的平衡，这就是"弱其强而治其乱，伸其屈而直其枉"。

要达到无偏无党的状态关键在于如何根据客观情况加以调节，从大局出发，做到赏罚分明，内心无愧。

行动指南

第一，处理问题之前，内心要去除偏好私心，从源头上保持处理问题的公正性。

第二，处理问题过程中，要按照公正客观的原则，不混淆颠倒是非。

第三，对处理问题效果的控制和把握，要树立大局观，抑强增弱。

第三周

星期一

应言以行

　　吾王拨乱,戡以智力;人惧其威,未怀其德。我皇抚运,扇以淳风;民怀其始,未保其终。爰述金镜,穷神尽性。使人以心,应言以行。

——《贞观政要·刑法第三十一》

【译文】

　　陛下凭借才智平定隋末的战乱,老百姓却惧怕陛下的威严,并没有感念陛下的恩德。陛下掌握了国家的命运,倡导敦厚的民气;老百姓感念好的开端,但并没有保持到最终。因此,要尽心竭力倡导道义,显示陛下洞察一切。用真诚之心驾驭百姓,用行动履行诺言。

笔　记

　　唐太宗父子从隋炀帝手中夺取了江山,经过两代人的努力经营,终于构筑了强大的李唐王朝,期间经历的战乱灾祸不计其数。这给百姓造成了一个非常强烈的印象,即唐太宗是依靠武力征伐获得天下的,因此人们往往对其敬而远之。

　　其实,唐太宗能够颠覆隋朝,并在诸侯割据混战中获取胜利,从最根本的层面上说,来自于为人的智慧和安抚民心的政策,并不是仅仅依靠武力征伐就获得了天下。

　　为此,帝王建立功业之后,需要澄清本来面目,把长期被遮蔽的仁慈一面还原出来,这既有利于巩固国家的统一,安抚民心,还有利于教导民风,使之淳朴。唯其如此,臣子上书太宗要警惕百姓对帝王形象的误解,要通过仁爱行为践行其当初的诺言。

　　现代管理者能够在激烈竞争中获取一方天地,实属不易,管理者的聪明智慧发

| 244 |

挥了决定性的作用。但是,在获取成功之后,领导人在员工心目中的形象往往与最初差异极大,这既有损管理者个人形象,也有碍于整个团队和谐气氛的建设。

行动指南

第一,用实际行动还原个人形象,不要给员工造成威严可怕的感觉。

第二,要消除员工对领导的误解,需用真诚之心打动员工,而不是仅仅依靠口头宣传。

第三,积极倡导正直道义,培养洞悉一切的能力,时刻把握和控制整个团队的发展状态。

星期二
易事不劳

夫上易事,则下易知,君长不劳,百姓不惑。

——《贞观政要·刑法第三十一》

【译文】

国君容易侍奉,臣子就容易了解旨意,那么国君就不需要劳苦操心,百姓也就不感到困惑。

笔 记

《礼记》云:“为上易事,为下易知,则刑不烦矣。上人疑则百姓惑,下难知则君长劳矣。”意思是说,如果国君容易侍奉,臣子们就容易了解君王的意思,刑罚就不会太繁琐不堪了。如果国君犹豫不定,天下百姓就会感觉迷惑不解,臣下就难以了解君王旨意,国君就会为此而劳苦疲惫。

贞观十一年(637),魏徵上书唐太宗,依据《礼记》中的这段话,劝谏唐太宗要易事不劳。如何能够做到呢?

一方面,帝王要随和宽容。帝王容易侍奉必须做到不拘泥于细小繁琐的礼节,那种小肚鸡肠的帝王,往往难以侍奉。

从表面上看,这里说的是个人心胸是否开阔的问题。但是,其深层含义在于一个帝王治国之道与个人胸怀的紧密关系,如果连生活中的小事情都无法拿得起放得下,那么,怎么可能治理好一个国家呢?所谓"上易事,则下易知",就是来源于此。

另一方面,帝王做事要果断,不要多疑。帝王多疑,则臣子无法揣测君王意图,这样往往导致许多不必要的误会。而且,君王若对他人不够信任,凡事亲力亲为,必然十分劳苦,长此以往,并非治国之道的根本。

行动指南

应为人谦和,易于相处,让员工感到亲切,而不是敬畏。

切忌疑虑多变,考虑问题慎重固然应该,但不要把慎重演变为对员工的不信任。

星期三
与天下为画一

夫刑赏之本,在乎劝善而惩恶,帝王之所以与天下为画一,不以贵贱亲疏而轻重者也。

——《贞观政要·刑法第三十一》

【译文】
刑罚和赏赐的根本,在于鼓励善行而惩罚罪恶,帝王们使用的刑罚和赏赐应天下一致,就在于不能因为亲疏贵贱而改变刑罚赏赐的轻重。

笔 记

希望得到褒扬是人的天性,厌恶和躲避惩罚也属于人之常情。作为统治者需要充分利用人性中的这两点,制定严密合理的奖惩制度,用于治国之道,这是天下共通的道理。所以，自古以来，帝王们无不重视奖惩措施，这正是魏徵所说的帝王们能够自觉做到"与天下为画一"的意思。

但这并不等于说，只要拥有了奖罚措施，就拥有了毕其功于一役的法宝，就可以坐等天下太平了。虽然谁都知道刑罚的本意在于扬善除恶，但真正在实践中能够坚持公正奖罚的又有多少呢？姑且不论人的主观情感好恶问题，单以人际关系中亲疏远近的客观因素来看，就对公正奖罚提出了严峻的挑战。

所以，奖罚与治国的关键并不在于国君是否重视奖罚，而在于能否避开亲疏远近而保持奖罚的客观性和公正性，即魏徵所说的"不以贵贱亲疏而轻重者也"。

今天，任何企业或团队中都有一套奖惩制度和规定，领导者也往往在实施上乐此不疲，但是如何做到"与天下画一"中的"不以贵贱亲疏而轻重"，并不是一件容易的事情。

行动指南

第一，善于通过前人的奖罚经验，制定更为合理而严密的奖罚制度，注重古今通用的内容。

第二，奖惩"不以贵贱亲疏而轻重"，力求对事不对人。

星期四
奖惩与道消长

刑滥则小人道长，赏谬则君子道消。小人之恶不惩，君子之善不劝，而望治安刑措，非所闻也。

——《贞观政要·刑法第三十一》

【译文】
滥用惩罚，小人的胡作非为就会增加；赏赐荒谬，君子的正确主张就会损害。小人的罪恶不加以惩罚，君子的善行不加以勉励，却希望国家治理有道、刑罚停止，我还没有听说过。

笔 记

魏徵为了劝谏唐太宗慎用奖惩措施,把奖惩这一管理手段与民风善恶之道直接挂钩,不仅说出了管理手段的重要性,还从侧面道出了影响世风的重要因素。

魏徵谏言的要义在于,帝王在扬善惩恶手段运用上,常常因为个人主观情感而陷入人为的误区。诚如魏徵所言,帝王遇到高兴的事情,就会在惩罚他人之时寻找可以原谅之处;遇到心情不好的事情,即使对应该表扬的人也会寻找罪过。这往往导致奖惩手段实施当中出现巨大偏差,从而冤枉了贤能有功之人,助长了奸诈小人的嚣张气焰。

治理国家如此,管理一家企业也是如此。

现代企业无不有一套明确完备的奖惩制度,这是保障企业良性运行和协调发展的重要驱动力。但是,有的企业领导,往往把奖惩手段当作自己驾驭员工"必杀技",而且在实施时,又受到个人情绪的左右。对于喜爱的人,就会钻开皮肉去寻找羽毛,极力为其开脱;对于厌恶的人,就会洗净污垢寻找伤疤,极力对他挑刺。这些都是现代管理者应当戒除的问题。

行动指南

要认识到奖惩制度对于整个团队风气好坏的重要影响,不要滥用奖惩。尤其在奖惩之时,不要带着个人的好恶情绪。

星期五
慎先笑之变

安其所安,不以恤刑为念;乐其所乐,遂忘先笑之变。祸福相倚,吉凶同域,惟人所召,安可不思?

——《贞观政要·刑法第三十一》

【译文】

　　安于天下太平，不再考虑慎重刑罚之事；自得其乐，就忘记了命运可能的先吉后凶的变化。祸与福是互相转化的，吉和凶是相辅相成的，它们的转化完全在于个人的所作所为，怎么可以不考虑呢？

笔　记

　　"先笑之变"语出《周易》："九五，同人。先号咷而后笑，大师克相遇。"本意是指人的命运变化，后来借指命运先吉后凶。南朝时候梁刘孝标《辩命论》云："然命体周流，变化非一，或先号后笑，或始吉纵凶。"

　　魏徵引用"先笑之变"劝诫唐太宗要慎重对待治国之道中的祸福变化，目的在于批评帝王在现实中暴露出来的问题：唐太宗近来责罚的人逐渐增多，脾气也越来越暴躁，而追究原因却是一些非常不值一提的琐屑之事，诸如臣下供给不足，营造的宫室不如意，使用的物品不称心，臣子们不听从命令，等等。这些人的行为固然不对，并且应当受到责罚，但这些并不是治理国家的当务之急，而帝王最重要的职责是为天下着想，岂能把大量的时间浪费在这些琐屑之事上呢？

　　至此，魏徵"先笑之变"的深刻内涵就非常明晰了，他实际上在指责唐太宗安于太平盛世而逐渐骄纵奢侈的不良作风，警告他这样做的结果很可能是亡国。

　　今天，许多企业在取得成功之后，往往也安于太平盛世，领导的脾气也大起来，归根结底在于领导心中骄奢放纵思想的滋生，这是企业走向衰败的重大诱因。

行动指南

　　慎重对待已经取得的成就，警惕滋生骄奢情绪。

星期一

近取诸身

近取诸身，恕以待物，思劳谦以受益，不自满以招损。有动则庶类以和，出言而千里斯应，超上德于前载，树风声于后昆。

——《贞观政要·刑法第三十一》

【译文】

就近从自身做起，对待他人要宽容，想着勤谨谦虚能得到益处，不要骄傲自满而招来损害。这样的话，一旦有什么行动，天下百姓就会一致拥护；只要一说话，千里之外都会响应，就能超越前朝高尚道德的帝王，给后人树立高尚的风格声望。

笔 记

一个伟大君王的宏大事业应该怎样？魏徵的"近取诸身"可以为我们提供现实的参考：

一是"恕以待物，思劳谦以受益，不自满以招损"。待人接物保持谦和宽容既是个人德行品质，又属于治国之道。因为君王的态度和形象，与人才的招揽以及下属是否愿意为君王效劳直接相关。当唐太宗在创立太平盛世之后，虽然仍然接受臣下谏言，但态度已经从最初的谦和宽容变得狂傲。这样就是在放弃从自身做起的原则，即使获得臣下谏言，但自身都无法做好，又怎么可能完成伟大的事业呢？

二是"有动则庶类以和，出言而千里斯应"。君王拥有无上的权力，但并不等于天下百姓必然心甘情愿地听从你的指挥。只有真正贯彻圣王之道的君王，天下百姓才会"有动则庶类以和，出言而千里斯应"。魏徵此处在告诫太宗不要以权力高自居，要懂得民心不是权力可以压制的。

三是"超上德于前载,树风声于后昆"。这是魏徵眼中圣主的宏大规划,是帝王的伟大事业。虽然看起来很难逾越,但是,只要谨慎自持,保持警惕,就完全可以超越历史上的圣王,成就今天圣王的美名。

行动指南

要做到"近取诸身",注意自身良好形象的塑造,提升自己的品德修养,保持与人为善的心胸态度。

不要以手中的权力作为向员工发号施令的砝码,而是以个人的德行吸引整个团队"有动则庶类以和,出言而千里斯应"。

星期二
刻薄生百端

夫刻薄既扇,则下生百端,人竞趋时,则宪章不一,稽之王度,实亏君道。

——《贞观政要·刑法第三十一》

【译文】

刻薄的风气一旦流传,下面的弊端就会丛生;人人竞相阿奉权贵,于是国家的法令无法统一,以帝王的德行法度来衡量,实在有损于做国君的道德。

笔 记

魏徵上书指出,唐太宗在悠闲空谈之时,都崇尚孔子老子的学说;发怒逞威之时,又采用申不害、韩非的主张。直道而行的人,往往被撤职不用,害人而求得自安的人,大概也太多了。因此,倡导道德的旨意没有弘扬,刻薄的风气却兴盛起来。而一旦刻薄的风气兴盛,那么弊端就会显现。例如,当年伯州犁玩弄手段,使得楚国国君闭目塞听,楚国的法律就混乱了;西汉张汤不依法办事,而是迎合皇帝的心意来断案,汉朝的刑法便生出了弊病。

这对现代管理者的启示是深刻的。对事业充满热忱,严格要求下属,并没有错,但如果对待下属到了刻薄的程度,那么必然造成很多弊端:部分人为讨好上司竭力迎合,公司的制度无法有效执行;正直的员工反而得不到重用,甚至被开除;管理者和员工关系疏远,员工情绪低落怨声载道;等等。这样很多优秀的员工在工作中就会产生抵触情绪,下达的指令可能就无法得到严格执行;长此以往,肯定会对企业发展产生不良影响。

行动指南

无论是在工作中还是生活中,都要宽厚一点,宽以待人,对待员工不能过于刻薄。

星期三
以亡国为鉴戒

夫鉴形之美恶,必就于止水;鉴国之安危,必取于亡国。故《诗》曰:"殷鉴不远,在夏后之世。"又曰:"伐柯伐柯,其则不远。"臣愿当今之动静,必思隋氏以为殷鉴,则存亡治乱,可得而知。

——《贞观政要·刑法第三十一》

【译文】

要观察自己相貌的美丑,必须面对平静的水;要判定国家的安危,必须借鉴已灭亡的国家的教训。所以《诗经》上说:"商代可以鉴戒的历史并不遥远,就在夏桀这一代。"又说:"砍树枝做斧柄,其法则并不远,就在手中。"为臣希望当今的举动都要以隋朝的灭亡作为借鉴,那么存亡治乱就可以心中有数。

笔　记

魏徵在此意思是说:"如果能知道隋朝危亡的原因,国家就会平安;明白隋朝混乱的原因,国家就能得到治理;懂得隋朝灭亡的原因,国家就能长久生存。"

不管是自己的还是别人的失败,都可以成为经验教训,成为一种鉴戒,避免重蹈覆辙,其实知道了为什么失败,离成功也就不远了。

国君违反了治国的一些规律可能会造成亡国,企业的失败往往也是因为违背了企业管理的基本规律。对于企业来讲,无论应用什么现代企业管理方式,其他企业失败的教训都应当成为管理者的一种财富。了解其他企业失败的原因,吸取失败的教训,以它们为战略起点。只有这样,企业才能够尽量少走弯路,并且不至于走上"末路"。其他公司的"败局"将成为企业迷路和失足的警示牌,为企业向顶峰攀登铺上一块垫脚石。

行动指南

多学习和思考别的企业,特别是一些优秀企业失败的经验教训。

星期四
守易取难

夫守之则易,取之实难。既能得其所以难,岂不能保其所以易? 其或保之不固,则骄奢淫泆动之也。

——《贞观政要·刑法第三十一》

【译文】
守业容易,创业实在是艰难。困难的事情既然能够实现,那么容易的又怎么会不能保全呢? 如果不能牢牢地保全,那就是因为骄傲奢侈、荒淫放纵动摇了它。

笔 记

中国有句古语说"打江山容易守江山难",但魏徵这里却说打江山困难守江山容易,究竟如何理解呢?

首先,魏徵这里的"守之则易,取之实难",说的是唐太宗当初创业之时,历经战乱斗争,终于从隋朝手中获取天下,这种艰辛当然非一般人可知。相比之下,取得天下之后,虽然帝王还有繁重无比的治理国家的重任,但和创业时候浴血斗争相比,又怎么能同日而语呢?

其次,按照常理,容易的事情比困难的事情更好完成。但为什么夺取江山这么困难的事情都完成了,而守护江山相对容易的事情却又这么困难呢？这是因为人的主观心理发生了变化,在困难时候人们往往能保持艰苦朴素的美德,困难解除之后就放松警惕,安于享乐,由此滋生各种祸端。

至此,我们不难发现,无论是夺取江山还是守护、治理天下,都充满了艰辛和危险。问题的关键并不在于其中哪个更为容易,而是在于帝王的心态。所谓的困难也并非是外界的变化,而是人自己心理的变化。从人性的角度说,人们更愿意安逸享乐,所以,夺取江山之后,各种表面的危险立即消失,人的安逸之心就滋生膨胀,帝王往往腐化堕落。唯其如此,人们才会说守卫江山比夺取江山更难。

今天,市场竞争极为激烈,一个企业能够从困难中杀出一条血路,可谓历尽艰苦,但是,这并不代表困难就此消失了。成功的企业将面临各种潜在的风险,这同样需要领导去克服,否则,很可能导致前功尽弃、功亏一篑。

行动指南

第一,要把企业发展中遇到的困难和创业时期的困难进行比较,以此确立战胜困难的信心和勇气。

第二,不要以企业表面上危险的消失而放松警惕,须知企业发展中的危险是潜在的,不要以创业时期的眼光来看待发展中的困难。

第三,只要保持自己戒骄戒躁的良好心态,始终如一地坚持必胜的信念,解决企业发展中遇到的困难远比创业容易得多。

星期五
利在称职

夫作甲者欲其坚,恐人之伤;作箭者欲其锐,恐人不伤。何则？各有司存,利在称职故也。

——《贞观政要·刑法第三十一》

【译文】

　　制造铠甲的人希望铠甲坚固无比，唯恐穿铠甲的人受伤；制作弓箭的人希望箭镞锋利，唯恐人不受伤。为什么呢？这是因为他们各有职责，都想胜任自己的本职工作的缘故。

笔 记

　　贞观十六年（642），唐太宗对大理卿孙伏伽说起刑罚轻重之事。他以制作铠甲和弓箭本职工作的差异而目的不同作为比喻，以此警示大臣们用刑尽量宽松，不要仅仅出于个人目的而滥施刑罚，失去公允。

　　唐太宗的这个比喻，即使在今天，也同样适用。

　　一是各尽其职属于任何在职者的基本义务，只有做到认真履行各自的职责，才算具备了合格的前提。正如制作铠甲的希望自己产品最坚固，制作弓箭的希望自己的产品最锋利。每个人的出发点都是建立在各自的职责之上，即使不同职业间出现对立矛盾，但这绝对不应该归咎于在职者本人。

　　二是既然世界上存在不同职位的差异问题，那么，从各自职位所需出发，导致不同目标之间的对立矛盾就是一种必然，该如何来化解这种矛盾呢？唐太宗劝诫大臣既要考虑到各自职责本分，同时，更要考虑到整个社会大局。普通的在职者可以而且应该只考虑自己的本职工作，但是，身为最高管理者，必须从驾驭控制全局出发，学会调节平衡不同职位之间的对立矛盾；否则，矛盾的激化只能激发国内的各种祸端。

　　今天，企业内部职能分工日益严密，同在一个企业内部，由于分工的不同，必然出现相互之间复杂的矛盾。对于职工而言，属于尽到各自的义务，但对于领导者而言，这并不是可以高枕无忧的事情。

行动指南

　　既要鼓励员工们干好本职工作，同时，又要注意协调不同职位之间的差异对立问题，把握整个企业发展的大局，不要让员工们的尽职工作扭曲成为对整个企业发展的破坏和阻力。

十一月

至公理天下

星期一

慎赦宥之恩

天下愚人者多，智人者少。智者不肯为恶，愚人好犯宪章。凡赦宥之恩，惟及不轨之辈。

——《贞观政要·赦令第三十二》

【译文】

天下愚昧的人多，明智的人少。明智的人不会作恶，愚昧的人常常触犯法令。宽宥赦免的恩典，都只便宜不遵守法令的人。

笔 记

古语云："小人之幸，君子之不幸"；"一岁再赦，善人喑哑"。意思是小人的幸运，就是君子的不幸。一年两次赦免，善良的人就默不作声了。在人们心目中，君王实行大赦政策，本是一种宽容恩惠之举动，怎么可能会有如此不好的结果呢？

唐太宗对臣下说的"赦宥之恩"为我们揭示了一个深刻的道理：大凡被判刑入狱的人，多犯有各种罪行，其中固然有些因为一时冲动，并不能将他们一概列入不可救药的行列。但从总体上说，他们比没有犯罪的人普遍更具有恶的本质。如果实行宽赦令，这些人无疑会重新回到社会，这不仅给社会埋下了巨大隐患，而且，还让行为规矩的百姓、品德高尚的君子们对国家充满了失望。因为惩恶扬善本来就是帝王应该坚持的治国之道，岂能因为个人的恩惠举动而背弃原则？

唐太宗的想法有着重要的历史背景，此前周文王创制惩罚，对有罪的人严加惩治，绝不轻易赦免。三国时期的诸葛亮治理蜀国，十年不实行大赦，蜀国国泰民安。相反，梁武帝每年都大赦好几次，最终倾覆败亡。由此可知，君王实行大赦与国家是否太平并无关系，而且，施小惠反而伤害大德，因此，帝王不应该轻易发布赦免令。

行动指南

优秀的管理者对待犯错误的员工应慎用宽恕,以防止不称职的员工钻空子,而让正直的人才失望。

星期二

令出必行

贞观十一年,太宗谓侍臣曰:"诏令格式,若不常定,则人心多惑,奸诈益生。《周易》称'涣汗其大号',言发号施令,若汗出于体,一出而不复入也。《书》曰:'慎乃出令,令出惟行,弗为反。'……今宜详思此义,不可轻出诏令,必须审定,以为永式。"

——《贞观政要·赦令第三十二》

【译文】

贞观十一年,太宗对身边的大臣说:"诏书和命令的格式,如果不长期固定,那么人心就会疑惑,并容易产生奸诈的现象。《周易》上说,发号施令就像身体出汗一样,一旦出去就不能再回来了。《尚书》上说,发布命令要慎重,令出必行,不得更改。……现在应该仔细想想这个道理,不能再轻率地下诏发令,必须认真审定,作为永久的格式。"

笔 记

唐太宗由此认识到上级制定制度、发布命令都应当审慎行事,应当考虑清楚再颁布,一旦发布就一定要按着制度、命令来执行。他在谈到官品和人才等级制度时指出:"不须论数代以前,止取今日官品、人才作等级,宜一量定,月为永则。"意思是说,不要再论数代以前的情况,只按现在的官品和人才确定等级,应当逐一比量商定,作为长久遵守的法则。

春秋时期,吴王阖闾要求孙武替他训练宫女。孙武答应了,并挑选了一百个宫女,让吴王的两个宠姬担任队长,有板有眼地操练了起来。孙武先将列队训练的要领清清楚楚地讲了一遍,但正式喊口令时,这些宫女笑成了一团,乱作一堆,谁也不听他的。孙武再次讲解了要领,并要两个队长以身作则。但他一喊口令,宫女们还是满不在乎,两个当队长的宠姬更是笑弯了腰。孙武严厉地说道:"这里是演武场,不是王宫。你们现在是军人,不是宫女。我的口令就是军令,不是玩笑。你们不按口令训练,这就是公然违反军法,理当斩首!"说完,便叫武士将两个宠姬杀了。场上顿时肃静,宫女们吓得谁也不敢出声,当孙武再喊口令时,她们步调整齐,动作划一。

"令出必行"应当是优秀管理者的必备素质,但就目前来讲,很多管理者都没有孙武那样的胆量和气魄。一旦制定的政策触及一些人的既有利益,或者执行一项命令要得罪比自己职位更高的领导或是老板的亲属(信),这些人往往会退避三舍,明哲保身。但制度面前人人平等,如果一个管理者不能坚持原则,使得制度和命令的严肃性让位于人情或是权力,长此以往,这些制度和命令必然会失去执行的基础,最终成为一纸空文。

行动指南

审慎制定企业管理制度,发出正确有效的指令,其要点是指令要明确、要相对稳定。在制度和命令的落实上,要具备冲破人情和权力束缚的胆量和魄力。

星期三
取守有异

周既克殷,务弘仁义;秦既得志,专行诈力。非但取之有异,抑亦守之不同。

——《贞观政要·辩兴亡第三十四》

【译文】

周朝取代了商朝以后,努力弘扬仁义;秦国得志以后,却一味施行欺诈暴力。他们不但取得天下的方式不同,而且守卫江山的方式也不同。

笔 记

贞观初年(627),唐太宗曾问群臣,当年周武王和秦始皇都取得了自己的天下,他们获得天下的过程并没有什么不同,但是,福运的长短为什么有这样大的差距呢?手下大臣回答说,商纣王治理无道,天下百姓深受其害,于是诸侯们自动聚集讨伐商纣王。这是周朝获取天下的手段,后来周朝衰落,天下陷入七国割据,秦始皇攻击六国。但是,六国并没有罪过,因此,秦始皇是依仗智谋和武力凉夺了天下,虽然同样平定了天下,但人们对待他们的态度不一样,由此导致周朝福运长久,而秦朝很快灭亡。

这个道理看起来没有任何问题,但唐太宗却以政治家的敏锐眼光发现了更深刻的问题。在他看来,周朝和秦朝都是建立在推翻前朝腐败政治的基础之上,根本的差异并不在于如何取得江山的方式,以及百姓因此对待他们的态度,而是取得江山之后守卫江山的方式。周朝之所以国运久远在于统治者治理时弘扬了仁义,而秦朝短命则在于实行了暴政,这才是根本原因。

唐太宗取守有异的思想,给现代企业管理者非常深刻的启示:一是在创业时期,领导要注意积累德行,为此后整个团队文化建设奠定基础。在企业发展时期,要注意以人为本,弘扬关爱员工的思想。二是如果创业时期采取了不仁不义的手段,那么,在发展时期同样可以通过弘扬仁义方式加以弥补。

行动指南

要警惕创业和守业手段的不同,学会根据不同时期的情况采取不同的管理方法。

星期四
积　人

凡理国者,务积于人,不在盈其仓库。

——《贞观政要·辩兴亡第三十四》

【译文】
凡是治理国家的人,务必让百姓积蓄充足,而不在于让国库充盈。

笔 记

《论语》中云："百姓不足，君孰与足？"意思是如果天下百姓生活不富足，那么国君又怎么可能富足呢？这是孔子的弟子回答鲁哀公的问题"年饥，用不足，如之何"时所言。

唐太宗在此处借用古语讲述了积人的道理，体现了他治国之道中"政在使民富"的仁政思想。这既是他取得贞观之治的成功经验，同时也为后人管理国家提供了宝贵的理论资源。

积人重在为哪些人积累，如果是为天下百姓积累财物，那就是治国之根本；如果仅仅为了少数统治者挥霍享受而积累财物，那么就是治国之道的大忌。因为国家的根本在于人民，只有人民富足，帝王们才有可能享受安逸太平；如果把少数统治者的幸福建立在剥削人民的基础上，为自己积累财富，那么早晚要发生祸端。

今天，许多企业管理者迷恋企业利润数字的辉煌，满足于产值积累，但从不反省只顾企业利润的积累，而不为员工积累财富的做法。这终将损害企业发展。

行动指南

第一，创造企业产值利润并不是企业生产的唯一目标，企业创造产值的过程就是帮助员工提高生活水平的过程。

第二，领导者要深入了解员工收入在企业利润提升过程中的增加情况，要警惕企业积累财富与员工待遇提高脱节的情况。

星期五
勿自食其肉

朕常谓此犹如馋人自食其肉，肉尽必死。人君赋敛不已，百姓既弊。其君亦亡，齐主即是也。

——《贞观政要·辩兴亡第三十四》

【译文】

　　我常常说这个好像是馋嘴的人自己吃自己的肉一样,肉吃完了自己必定死亡。国君征收赋税没有休止,老百姓疲惫之后,他的国君也就会灭亡,齐后主就是这样灭亡的。

笔 记

　　唐太宗"勿要自食其肉"的治国之道大有深意。从表面上看,"勿要自食其肉"的道理在于指出帝王贪图安逸、骄纵奢侈而亡国,其实这仅仅是最表面的。一个圣明之君固然不贪图享乐,但在现实生活中能够在拥有至高无上的权威后不骄纵的又有多少呢?退一步说,一个人安逸享受本是人性的一种天然驱使。那么,自食其肉的深层意义何在?唐太宗一针见血地指出:"赋敛不已,百姓既弊。"也就是说,挥霍财富不过是亡国的诱因而已,真正在自食其肉的是因挥霍而导致的国库空虚,而不得不向人民征收苛刻的赋税,人民为此困苦不堪,无异于君王存在的基础被削弱了。人民才是君王存在的基础,君王挥霍的不是个人财产,而是人民的财富,这才是自食其肉的根本意思。

　　当今国家积极倡导民生政策,就是为了巩固政权基础,现代企业也同样如此。如果领导者把企业财富的占有建立在对全体员工过度汲取的基础上,必将导致员工的疲惫不堪,那就等于领导们在自食其肉了。

行动指南

　　对员工收入的分配不要过分苛刻,尤其不要以员工身心的疲惫和收入的微薄为代价换取企业利润的辉煌。

第二周

勿骄逸懈怠

自惧危亡,必不敢懈怠。

——《贞观政要·贡赋第三十三》

惟知之非难,行之不易,志骄于业著,体逸于时安。

——《贞观政要·征伐第三十五》

愿陛下勿以功高古人而自矜大,勿以太平渐久而自骄逸。

——《贞观政要·灾祥第三十九》

【译文】

自己常常为国家的危亡而感到害怕,一点也不敢懈怠。

知道了解并不困难,而要具体实行并不容易。在功业显著时,容易心志骄傲;在时势安定时,容易放纵自己。

愿陛下不要因为功业超过古人就妄自尊大,也不要因为长时间的太平而骄奢淫逸。

笔　记

唐太宗曾多次和他身边的一些大臣提到,不能因为功勋卓著以及长时间的安定而骄逸懈怠,忘乎所以。的确,辉煌的成就会让人感到自豪,让人容易产生骄傲自满情绪,从而滋生懈怠之心,而这个时候,说不定失败就潜伏在某个角落。

作为一位成功的管理者,如果因为眼前的风光而变得骄傲自满、不思进取的话,那样会被已有的成功所迷惑,甚至走向衰亡。因此,要想成就一家长久不败的企业,就不要在成功的时候骄傲自满、盲目自信。越是在即将成功的时候,就越要谨慎从事。即使成功了,也要反思存在的问题,从而化解内部潜在的危机,也就是要做到唐太宗所说的"自惧危亡,必不敢懈怠"。培养危机意识,这对于企业的长久发展至关重要。

日本著名企业家松下幸之助在总结其企业成功的经验时,特别强调:"长久不懈的危机意识是使企业立于不败之地的基础。"在这个方面很多成功企业都是极为相似的,其核心内容是通过"人为"地制造"危机",从而使企业树立忧患意识,产生危机感和责任感,居安思危,不断进取。

行动指南

在竞争激烈的商业社会中,即使获得令人可喜的成功,也不可高枕无忧,安于现状,而要时刻注视市场动态,不断创新。

星期二
不求虚名

前代帝王,大有务广土地,以求身后之虚名,无益于身,其人甚困。

——《贞观政要·征伐第三十五》

【译文】
前代的帝王,大都致力于扩展疆土,以求身后虚名,对自己没有什么好处,弄得百姓困苦不堪。

笔 记

唐太宗认为,君王虚名不可求,不仅于己无益,而且也会让百姓感到困苦不堪。

有人将我们所处的社会称为"名利场",认为世间太多的人,都在为"名利"二字所累。曾经的国内首富史玉柱因为图虚名,本来一座18层的大厦,在舆论和大众的吹捧下变成了70多层,最后结果是悲剧性的。

我们需要明确的是,企业领导者既不是政治家,也不是影星,更不是时尚人物。

但是众多的企业领导者喜欢扬名,乐于作秀。尤其是被媒体一报道,上报上镜,鲜花、掌声、喝彩声,声声入耳,无数企业领导者便深深陶醉其中,不知今夕是何夕。

卡内基也始终认为,作为商人,当以求利为本。利来而名自至,根本用不着考虑一时的虚名。卡内基不务虚名,但他把事业做大了,做人做到了极高的水准,人们都乐意传诵他的名字,于是他就名扬全球。这比那种争虚名、想露脸的做法无疑高明多了。

行动指南

要时刻保持清醒,要活出自己的品味和性情,活得潇洒,不为虚名所累。

星期三
辩证的智慧

进有退之义,存有亡之机,得是丧之理。

——《贞观政要·征伐第三十五》

【译文】
前进中包含着后退,生存中包含着灭亡,得之中包含着失。

笔 记

在中国的思想宝库里,存在着许多这样富有智慧的句子。例如:"曲则全,枉则直,洼则盈,敝则新,少则得,多则惑。不自见,故明;不自是,故彰;不自伐,故有功;不自矜,故长","将欲歙之,必固张之;将欲弱之,必固强之;将欲废之,必固兴之;将欲取之,必固与之","祸兮福之所倚,福兮祸之所伏"等。这些句子闪烁着智性的光华,高明地认识到事物对立和相反的一面。事物的对立双方并非孤立的存在,它们彼此依存,互为存在的根据;它们更是能够向着相反的方向转化,即物极必反,万物莫不如此。

其实我们人生中处处存在着辩证法,得到的同时总是伴随着失去,而失去往往又预示着另有所得。过于走运和顺利就会招致重大挫折,坎坷挫折经历多了,必然会时来运转。同样,贫穷是富贵的起点,而富贵也是贫穷的始发,大奸若忠,大智若愚,大自然到处充满玄机,生活也是如此。

优秀的管理者也应把这种大智慧恰当地运用到管理中去。例如松下幸之助,就从中国古代"无为,无不为"的辩证思维出发,提出了自己的见解:"无为"不是领导者完全撒手不管的意思,它必须有两个先决条件:第一,是制度的运行和个人礼仪修养要达到某一个层次;第二,是下属的衣食都必须由领导者充裕供应,"不虞匮乏"。所以,领导者在放任无为之前,须先预作策划,也就是做到"看似无为却有为",将这两者辩证地统一起来。

行动指南

培养商业辩证思维,正确处理进退、存亡、得失等。

星期四
至公理天下

夫为人君,当须至公理天下,以得万姓之欢心。

——《贞观政要·灾祥第三十九》

【译文】
作为人君,应当公正地治理天下,以此获得老百姓的欢欣拥护。

笔 记

从古到今,帝王学、领导学、管理学大都会强调公平公正原则在统御部属中的作用。公平公正顾名思义就是公平正直,处理事情合情合理,没有偏私。这一点说说容易做到难,需要管理者具备一定的素质,要有大公无私的精神,要有公正公平的立场,并自始至终贯穿于管理的全过程。在企业管理中,要增强团队的凝聚力,激发员工最大的工作热情,实现组织目标,关键在于建立一个以公平原则为基础的发展机制。可以说,公平是企业管理者的尚方宝剑,管理者操练的水平高低关系到管理目标的实现程度。

一位管理者的管理能否成功归根到底就在于能否稳定人心,使员工安于工作,并且最大限度地激发员工的工作积极性。杰克·韦尔奇在接受《华尔街日报》记者访问时曾经提到,他总是要花费至少一半的时间来处理员工的问题,让每个员工知道自己在企业中所处的位置。

保证企业良性运转的法宝就在于:企业能否给员工创造一个公平的工作环境。管理者应该多花些心思在员工身上,把关系、资历等不利于管理的因素彻底根除。公平的环境包括动态的薪酬体系、平等的晋升机会、民主的决策机制等。从制度、理念上让员工感到享受了公平的待遇,才能让员工真正对企业满意并愿意为企业服务。

行动指南

应当具备公正、公平之心,始终保持良好的心态,提高职工的凝聚力、战斗力和执行力,提高自身的感召力、吸引力和亲和力。

星期五
创业维艰,守成不易

开拨乱之业,其功既难;守已成之基,其道不易。

——《贞观政要·灾祥第三十九》

平定天下,朕虽有其事,守之失图,功业亦复难保。

——《贞观政要·慎终第四十》

【译文】

开创平定战乱的事业,成功已经很难;守住已成就的基业,更加不容易。

平定天下,我虽然参与了其事,但如果治理不当,功勋业绩仍然难以保持。

笔　记

　　古往今来，有史为鉴，任何一个朝代势必经历形成、发展、鼎盛、衰败这样一个过程。其中的形成时期就是创业的结果；而发展、鼎盛、衰败时期则是守业经历的三个阶段。由此我们不难看出，创业存在于一定的历史时期，是一个里程碑；而守业则是在逐步发扬光大的基础上永无止境的行为。因此"创业与守成孰难"这个问题经过千百年已经有了标准答案："创业维艰，守成不易"。这句话每个人都会讲，但很多人其实不甚了解其真意。

　　创业、守成两者皆难，创业之难在领导人必须为一世之雄，体现为打拼、理智的攫取和占有；守成之难难在继起者能够掌握时代脉动，也就是顺应趋势、不违潮流，体现为一种对既有成就的巩固、开发、利用和提高。其本质区别在于创业是自力更生，依靠自我，白手起家；而守业则是建立在创业结果基础之上的一种施政行为，划分的唯一标准是"基础"。

行动指南

　　创业维艰，守成不易。不管你是在创业还是在守业阶段，想在商界巍然屹立，就要磨炼自己的心性，时刻做好面临困难的准备。

星期一
怨气生离叛之心

怨气充塞,则离叛之心生矣。

——《贞观政要·灾祥第三十九》

【译文】

如果怨气充斥心中,则背离叛乱的思想就会产生。

笔 记

如果一国的官员和所统御的百姓对国君的统治有太多的怨气,那么他们必然会产生离叛之心,所以明智的国君都会注意有效平复臣民的怨气,以聚拢人心。

在现代,一家公司的员工若都开心,具有积极的企业文化固然好。如果公司的员工偶有怨气,也很正常,因为怨气的产生,是员工一种正常的心理情绪。当员工认为他受到了不公正的待遇,就会产生抱怨情绪,这种情绪有助于缓解心中的不快。怨气并不可怕,可怕的是管理者没有体察到这种怨气,或者对抱怨的反应迟缓,从而使抱怨的情绪蔓延下去,怨言满天飞,最终导致管理的混乱与矛盾的激化,那么这家公司就会很危险。

管理者应当及时发现员工的怨气,并正确地处理。

行动指南

当发现下属在抱怨时,可以找一个单独的环境,让他无所顾忌地进行抱怨,你所做的就是认真倾听。只要能让他在你面前抱怨,你的工作就成功了一半,因为你已经获得了他的信任。

任何怨气的产生都有起因，除了从抱怨者口中了解事件的原委以外，还应该听听其他员工的意见。在事情没有完全了解清楚之前，不应该发表任何言论，过早的表态只会使事情变得更糟。

星期二
慎　战

臣闻兵恶不戢，武贵止戈。……且兵，凶器也；战者，危事也，不得已而用之。

——《贞观政要·征伐第三十五》

【译文】
　　我听说战争最可怕的在于不能止息，武功最可贵的在于能够制止战争。……况且，兵器是凶险的工具，战争是危险的事情，万不得已才使用它们。

笔 记

　　贞观二十二年（648），唐太宗要出兵征伐高丽，房玄龄上书劝谏唐太宗慎重用兵，这固然是出于告诫帝王不要重蹈历史上穷兵黩武覆辙的考虑，同时，也为帝王如何治理国家提供了有益的参考。

　　细看房玄龄用来警示唐太宗慎重用兵的依据不外乎两个方面：

　　一是，武力征伐的目的不在于战争本身，而是为了遏制战争，这个观点是非常具有现代启示意义的。

　　今天，当许多企业自恃资本雄厚，在市场竞争中准备大展宏图吞并其他企业的时候，往往忽略了上述深刻的道理，从而导致企业兼并的失败。

　　二是，武力征伐是在不得已的情况下才用的，也就是说只有迫不得已才可以施展破坏整个和谐局面的斗争手段。这固然是中华民族不喜好主动冒险的相对保守思想观念的结果，同时也警示现代管理者，面对风险重重的市场，领导者要善于捕捉商机。但是，并不应该把这个理解为穷兵黩武式的扩张地盘，许多著名企业的破产往往由于无休止地主动出击，摊子铺得太大，财力因此耗尽所致。

行动指南

应该具有积极竞争、挑战困难的精神，但不要扭曲为盲目好斗、无休止兼并的商战。

星期三

以逸待人

故有道之君，以逸逸人；无道之君，以乐乐身。愿陛下使之以时，则力不竭矣；用而息之，则人斯悦矣。

——《贞观政要·征伐第三十五》

【译文】

所以，有道的国君，用安逸使人民得到休息；昏庸无道的国君，用音乐使自己得到享乐。希望陛下要根据农时合理使用人力，那么人力就不会枯竭了；使用他们又让他们得到休息，这样百姓的内心才会高兴。

笔 记

贞观二十二年（648），唐太宗大兴土木，给天下百姓带来了诸多困苦，宫中妃子徐氏上奏劝诫唐太宗，讲述以逸待人之道。

在男权社会下，一个女流之辈能够大胆上书唐太宗已经足见其过人魄力，但更令人敬佩的是，其提出的以逸待人的治国管理思想具有如此深刻的道理：

一是君王有道还是无道的区别在于是"以逸待人"还是"以乐乐身"。前者在于心系天下百姓，以克制自己欲望来保持天下人的安逸；后者在于贪图自己享受，让天下人辛苦。

二是用人之道在于张弛有度。天下百姓并不是不能使用，而是在使用的同时保持休养生息，也不是一味地让其安逸，而是适当地使用保持国力发展。

今天，许多企业对于人才的使用要么是鞭打快马，能干的人被无休止地使用，直到其能量枯竭;要么是不予重用,任由人力资源浪费。这些企业的领导人与千年以前的女流之辈相比,也要汗颜几分。

行动指南

第一,"以逸待人"。尽量减少自己的欲望而给员工更多的休整时间,便于企业整体实力的蓄积。

第二,"使之以时"。选择恰当时机使用人才,在关键的时候使用人才,确保人才的"力不竭矣"。

第三,"用而息之"。不要因为某个员工便于任用就拼命地使用,要注意给员工充足的修养调整时间。

星期四
慎股肱无良

隋氏倾覆者,岂惟其君无道? 亦由股肱无良。

——《贞观政要·行幸第三十七》

【译文】
隋朝灭亡的原因,难道仅仅是君王无道吗? 也有辅佐大臣不贤良的原因。

笔 记

贞观十一年(637),唐太宗巡游洛阳宫殿,在宫内荡舟游玩之时,对群臣说:"这些宫殿本来是隋炀帝修建的,但由于他贪婪残暴,最终人民不堪忍受,导致天下人反叛背弃,不仅隋炀帝自己身死国灭,而且所有宫殿还都归我所有。隋朝的灭亡虽然与隋炀帝本人的贪婪残暴直接相关,但是,其手下大臣也难逃干系。"

唐太宗并非借着隋炀帝灭亡的例子变相推诿责任,而是从客观的角度指出群臣在创造国家太平盛世中的作用。

唐太宗"慎股肱无良"的观念,对于今天企业发展具有积极的启示意义。任何一个企业的创建都不可能完全凭借领导一个人的力量来完成,需要集体共同发挥智慧,需要全部员工的努力。因此,如何培养得力的人才,如何防止干部群体出现无良,与领导个人的能力一样,都直接决定着企业能够走多远。

行动指南

第一,树立整个企业发展成败并非系于领导一人的观念,要求企业干部承担其相应的责任。

第二,对待企业发展中的失败,不能以"好汉做事好汉当"的个人英雄主义,替代所有干部都应该承担的责任。

第三,企业要发展,必须充分重视企业基层干部的培养,干部群体的无良将直接导致整个企业的破产。

星期五
治定制礼

功成设乐,治定制礼。

——《帝范·崇文第十二》

【译文】
功业完成,国家安定之后,就应该制礼作乐,专力教化。

笔　记

唐太宗认为,天下虽然可以用武力取得,但是管理国家必须依靠礼乐。汉高祖刘邦建国之初,因为不明白礼乐的意义,导致群臣争功,纷扰不休。直到后来起用大儒叔孙通,通过制定一系列制度,才使得天下肃然,百姓臣服。刘邦感慨地说:"有了这些章程和规矩,我才明白了做皇帝的威严和尊贵!"

所谓礼乐,就是规章、准则和秩序。创业期组织的成员相对较少,组织目的是在竞争中求得生存,一切以市场为导向,运营灵活快速。当组织度过创业期、进入快速发展阶段时,企业规模扩大,人员增加迅速,管理就可能出现真空地带,这样的状况如果得不到及时有效的解决,组织运营就会失序。要走出这种状态,必须建立系统的规章制度,规范组织成员的言行。

【行动指南】

　　当组织达到一定规模之后,必须制定系统的规范制度,使组织依照规章有序运营。

第四周

星期一

坚守其事

自古人君为善者,多不能坚守其事。……君臣父子之间悖谬若此,岂非难保之明验也?朕所以不敢恃天下之安,每思危亡以自戒惧,用保其终。

——《贞观政要·慎终第四十》

【译文】

　　自古以来,帝王能够为善者,大多数不能够坚持到底。……君臣父子之间的关系悖谬到这样地步,难道不是难以保住功业的证明吗?所以我从来不敢依仗天下的太平安宁,而是常常考虑到危险来使自己警戒恐惧,以此来保全治国之道到最后。

笔　记

　　贞观六年(632),唐太宗对身边群臣谈起汉代刘邦的治国之道。在他看来,刘邦仅仅是当时的一个亭长,在反抗暴政夺取天下的斗争中,能够做到圣明帝王应该做的事情,这正是他之所以能够成就帝王事业的根本原因。但是,如果刘邦的寿命能够延续更长时间的话,他很可能出现昏庸误国的局面。为什么这样说呢?因为刘邦在位之时,就有过准备废除最初所立太子而另立太子的不合礼法的想法。

　　唐太宗的这种推断当然无法通过历史加以验证,但其推断中显示的治国之道却非常值得今人借鉴。

　　一是君王是否圣明并不取决于最初创业之时,因为这个时候一般帝王都能够做到艰苦创业、任人唯贤。但当登上帝王之位以后,就往往变得骄奢纵欲了。因此,唐太宗以此警示自己,要想成为圣明之君王,必须在治国之道上善始善终。

二是帝王和群臣的关系也随着创业和守业这两个历史时期的不同而会发生微妙的变化。在创业时期,一般是君王和臣下同患难,因为帝王需要臣下辅佐才能实现事业成功;但当帝王手握大权之后,往往对待功臣无端猜忌,甚至"鸟尽弓藏,兔死狗烹"。当年吕后诛杀韩信、彭越等人就是一例。

今天,许多企业管理者在创业时期与员工的关系往往是"怎么说都行"。但一旦到了功成名就之后,领导对当初共患难的员工们往往就摆谱拿架子,甚至打击压制。如此紧张的关系注定整个企业发展不会长远。

行动指南

要善于处理和员工的关系,要保持最初创业时期的态度对待员工,只有坚守其事,才可能让整个企业始终处于良性运行状态。

星期二
君思教化

向若直有贤臣,而君不思化,亦无所益。

——《贞观政要·慎终第四十》

【译文】
如果仅仅有贤良的大臣,而国君不考虑教化,那也不会有什么厉处。

笔 记

"教化"与"教育"虽仅一字之差,但其手段的高明程度却远非教育可比。它把政教风化、教育感化、环境影响等有形和无形的手段综合运用起来,既有皇帝的宣谕,又有各级官员的耳提面命和行为引导,还有立功德碑、树牌坊、传播通俗读物等多种表现形式;既向人们正面灌输道理,又注意结合日常活动,使人们在不知不觉中达事明理,潜移默化。其效果要比单纯的教育深刻而又牢固得多。正因为如此,自古以来凡有见识的政治家都十分重视教化的作用,把教化当作正风俗、治国家的重要国策。

在这里强调的"君思教化",一方面,要求加强对普通百姓的道德教育,引导人们自觉遵守社会规范和统治秩序,以实现长治久安;另一方面,要求统治者起到道德楷模作用,即统治者要以自己的行为为百姓做表率。古之"教化"思想虽然带有浓厚的政治意蕴,但是对于现代的管理者却也有着直接的启发意义。你如果有一批优秀的员工,而作为管理者你却"不思教化",那么当然"亦无所益"。

行动指南

一方面,要注重对员工的培训和教育,提高他们的专业技能和工作效能,并运用各种激励方式和手段提高员工的工作主动性和积极性;另一方面,管理者要以身作则,不论在生活中还是工作中都要起模范作用,形成强大的感召力。

星期三
贤者适度有节

公道溺于私情,礼节亏于嗜欲。

傲不可长,欲不可纵,乐不可极,志不可满。四者,前王所以致福,通贤以为深诫。

嗜欲喜怒之情,贤愚皆同。贤者能节之,不使过度;愚者纵之,多至失所。

——《贞观政要·慎终第四十》

【译文】

公道会被个人的感情所淹没,礼义法度会被欲望所减损。

骄傲不可以滋长,私欲不可以放纵,娱乐不可以极度,意愿不可以过分满足。这四条,是前代帝王招致福运,通达的贤人深深告诫的行为准则。

嗜欲喜怒的情感,对于贤良的人和愚昧的人都是一样的。贤良的人能够节制欲望,不让它超过限度;愚昧的人放纵欲望,经常失去应有的限度。

笔 记

"公道"之所以溺于"私情",是因为"私情"没有适度,没有加以节制;"礼节"亏于"嗜欲",同样也是因为欲望没有适度,没有加以节制。古人云:"物极必反"、"过犹不及",就是说凡事都要把握一个适度的原则,这就是中国儒家道德智慧之精髓——中庸之道。中庸即是适度、理性节制的意思。

在中庸思想中,"过"即超过了事物发展度量的界限,必然会引起质的变化。"不及"是低于事物发展度量的界限,而导致相反方向的质的变化。因而,只有中庸才能够保证事物稳定地发展和变化。因而叩其两端而折中的方法,是最为合理的处理事务的方法。对人而言,中庸思想要求人的思想言行都要处中、适度。只有把握适度,思想言行才不至于落偏。

但中庸的运用需要极其高超的实践智慧,不能把"中"理解为简单的折中。比如善恶就无法折中,必须要抑恶扬善。但要在善的范畴中把握尺度,度量扬善中的对立双方的不同意见,取其适度的"中"而用之于民。

现代的管理者应当秉承这一智慧精髓,在处理任何问题时都做到适度有节,才能成为真正的"贤者"。

行动指南

守住中庸之道,达则兼济天下,穷则独善其身。处在自己该处的位子,做自己应该做的事情。

星期四

使君臣常无懈怠

人臣初见任用者,皆欲匡主济时,追踪于稷、契;及其富贵也,则思苟全官爵,莫能尽其忠节。若使君臣常无懈怠,各保其终,则天下无忧不理,自可超迈前古也。

——《贞观政要·慎终第四十》

【译文】

　　大臣刚刚被任用之时,都想辅佐国君挽救时势,想追上稷、契的功绩。等到臣子们富贵之后,就只想苟且保全官职爵位,没有再尽忠尽职的了。如果君臣经常不懈怠,各自坚持到底,那么天下就不用担心治理不好,自然可以超越前朝古人了。

笔 记

　　无论是君王还是臣下,对于兼济天下苍生的社会责任的认知程度都是一致的。所以,历代君王登基之初无不奋发有为,试图建立一番超越尧舜的功业;历代臣子被任用之时无不慷慨表示忠心。但随着时间的推移,帝王们往往日渐骄纵,臣子们则往往徇私枉法。于是,最初兼济天下苍生的宏图之志化为泡影。

　　追求其中原因,正如这篇魏徵上书所指出的,"人臣初见任用者,皆欲匡主济时,追踪于稷、契",但一旦富贵之后,则"思苟全官爵,莫能尽其忠节"。可见,帝王治国之道需要特别注意臣子们被任用之后的表现是否出现变化,是否能够坚持最初的政治理想。

行动指南

　　在考察干部和员工任职情况时,要注意员工任职后与最初承诺的理想是否出现了偏移。同时,领导也要把对员工任职前后工作的考察作为长效工作,坚持不懈怠。

星期五
敬以接下

　　君之待臣,义不可薄。陛下初践大位,敬以接下,君恩下流,臣情上达,咸思竭力,心无所隐。

——《贞观政要·慎终第四十》

【译文】

国君对待臣下，礼节上不可以轻薄。陛下刚刚登基的时候，对待臣下非常恭敬，使得国君的恩惠向下流传，臣子们的谏言也向上禀报国君，君臣都想竭尽全力，心中没有任何隐晦保留的东西。

笔 记

贞观十三年（639），魏徵因为担心唐太宗不能克终俭约，而且认为唐太宗已经逐渐表现出了生活奢侈的作风。为了防止唐太宗重蹈隋炀帝覆辙，魏徵特意上书唐太宗，提出诸多谏言，并以孔子所言"君使臣以礼，臣事君以忠"作为警示，此劝诫有两点启示意义：

一是"君之待臣，义不可薄"。简单地说，就是君王对待臣子要保持谦虚的礼节，不要傲慢，这是招揽臣子为其卖命的基础。

二是"敬以接下，君恩下流，臣情上达"。这是君王对待臣下态度是否谦和的问题，直接关系到君王恩惠能否向下传达到民间，也影响着臣子们是否愿意说真话。

行动指南

通过对员工真挚的关心，消除员工对领导敬畏而不敢谏言的心理，保持员工谏言之路的畅通。

十二月

大匠无弃才

第一周

宽大其志,平正其心

宽大其志,足以兼包;平正其心,足以制断。

——《帝范·君体第一》

【译文】

人君应该有宽广和远大的志向,这样才足以兼容并包;使自己的心平静正直,这样遇到事情才足以正确决断。

笔 记

"志,心之所之也。"唐太宗作为一国之君,管理着整个国家,如果他的志向短浅,怎么能心怀天下、包容宇宙、涵容万物呢?怎么能有容人的器量呢?

身为国君,如果心不平正,则难以明辨是非;以平正的心态看待人与物,就会辨认出他们本来的样子。《大学》有言:"所谓修身,在正其心者。心有所忿懥,则不得其正;有所好乐,则不得其正;有所忧患,则不得其正;有所恐惧,则不得其正。"所谓修身,就是要做到能够使自己的心平正。一个人心中有愤怒,则做不到平正;心中有喜好,则做不到平正;心中有忧愁,则做不到平正;心中有恐惧,也做不到平正。

行动指南

第一,树立远大志向,着眼于长远利益。以一颗泰然的心对待眼前的功过与得失,只要最终达成目标、取得成果,牺牲短期的蝇头小利又何妨?

第二,摒弃私心和个人好恶,客观地看待人与物。树立正确的评判标准,以成果为导向,判断人与物的存在价值,升迁应当依据员工对组织的贡献度而定。

星期二

恩威并用

非威德无以致远,非慈厚无以怀人。

——《帝范·君体第一》

【译文】

没有威望和好的德行就不能号召远方;没有慈善和广厚的爱心就不能安抚万众。

笔　记

身为国君,没有威严和崇高的德行,则不能使邪恶畏服,不能弘扬正道,国家就不会太平;而一味穷兵黩武,以残暴之心对待天下,也会导致民怨载道、分崩离析。威德的建立不是依靠强制力量,而是顺应天道和民意,严厉制裁不符合道义的行为。孔子曰:"慈可以服众。"树立威德之后,还需要用慈善和厚爱来抚恤天下,让尊崇道义者得到实惠。

一次,唐太宗准备在洛阳修建一座行宫,结果有个叫张玄素的官员上奏反对,并尖锐地指出,如果太宗这样做,就和身死国灭的隋炀帝一样滥用民力、昏聩透顶。唐太宗看了奏折之后不仅没有下令诛杀胆敢犯上的张玄素,反而采纳了他的建议,停止修建洛阳行宫,并嘉奖了直言进谏的张玄素。这件事情对于文武大臣的影响极大,大家在感受到唐太宗威严治国的同时,还体会了太宗宽厚施恩的一面。

行动指南

奖惩必须公正而客观,奖惩也要公开和分明。

星期三

仁、礼、孝、恭

抚九族以仁，接大臣以礼。奉先思孝，处位思恭。

——《帝范·君体第一》

> **【译文】**
>
> 　　以仁义来安抚九族，对大臣要以礼相待。敬奉祖先要想到孝，高居皇位要想到谦恭肃敬。

笔　记

这段话提及了四个非常重要的概念：仁、礼、孝、恭。

"仁"的含义非常宽泛，具体而言，指人与人相互友爱、互助、同情、通情达理、为别人着想等。作为国君，需要以仁义来对待皇亲国戚，唐太宗也有言："九族之亲，长者安之，少者怀之，爱之，勿可骄慢。"

"礼"指符合规范的行为准则。这些行为准则可能是由于道德观念和风俗习惯而形成的礼节，也可能是为了维护政治和社会秩序刻意制定的。对待大臣，必须遵循约定俗成的准则，不能蛮横无理地对待他们；否则，不是培养出奴隶，就是造成大臣的背叛。

"孝"指对父母的奉养和顺从。"孝"的精神内核是对前辈的尊敬和奉养，这是人类社会需要遵守的基本准则。

"恭"指谦虚、恭敬。身居高位，很容易产生傲慢、骄傲的情绪，对别人颐指气使。这是修养不够的表现。越是有涵养的人，越是表现得谦恭，而这样的人，才会赢得别人真正的尊重。

行动指南

在组织内部提倡仁、礼、孝、恭。

星期四

借助外力

旷道不可偏制，故与人共理之；重任不可独居，故与人共守之。

——《帝范·建亲第二》

【译文】

这么旷大的国家一个人怎么治理得好呢？所以要与别人来共同治理它；这么至尊至重的皇位一个人怎么守得住呢？所以要与别人来共同守卫它。

笔　记

项羽不信任手下的将领，最终走向灭亡；而刘邦能够放手用人，最终获取了胜利。唐太宗深知一个人治理国家不能长久，一个人独守皇位不能稳固的道理。所以，他信任并重用人才，让他们发挥各自的长处，减轻自己的重任。

身为管理者，事必躬亲，企图依靠一己之力做完所有的事情，无异于天方夜谭。一个人的时间、能力和精力都是有限的。即使你才华卓越，也如同在暗夜中点灯，照亮的范围有限。因此，要使自己的事业扩展，必须善于借助外力。

很多从一线被提拔上来的管理者，在走上管理岗位前，他们是公司的业务精英，是生产能手，是成功的自我管理者。可是，当他们成为管理者之后，却没有及时转换角色，不懂用人、分权、授权等，不能成为一名合格的管理者。管理者的成效来自于被管理者的成功——这是对管理者角色的最准确的定位。管理者的职责就是让下属充分发挥能力，让他们更成功。

行动指南

合理运用授权，将权力和事务分给部属，然后致力于让他们成功。

星期五

集权、分权

封建亲戚，以为藩卫，安危同力，盛衰一心。

——《帝范·建亲第二》

【译文】

分封皇亲国戚，让他们成为国家的藩卫，大家同心协力关心国家的安危盛衰。

笔 记

采用分封制还是中央集权制来维护国家的统一？这是每一代帝王都绕不开的问题。唐太宗以他睿智和实践经验，对这个问题提出了深刻的见解。一方面，他还是主张采用分封皇亲、贵族、功臣等，来稳固国家的统治。他吸取了秦王朝覆灭的教训，认为不任用皇族本家、独断专权是导致秦朝短命的原因。另一方面，唐太宗看到汉朝分封王族，诸侯地广兵强，导致诸王叛乱。因此，他主张"众建宗亲而少力，使轻重相镇"，就是多分封一些宗亲王族，又不让他们实力过于强大，并且让他们相互制约。

集权和分权，是管理者需要掌握的管理艺术。古语云："流尽其源竭，条落则根枯。"支流没有了水，整个水源就要枯竭；树枝都凋落了，树根就会枯死。如果过分集权，不通过"分封"的方式来构建管理团队，那么管理者就没有羽翼，形不成稳固的根基，决策很难得到有力执行。如果权力过于分散，部属权力过重，管理者将被架空，无法实现有效管理。

行动指南

启用你信任的人，给予他们一定的权位，让他们和你一起成为共同的利益群体，这样他们才会和你同心同德、同舟共济，共同开创事业。同时，权力的分享必须得到有效的平衡和制约。

星期一

亲疏并用

远近相持，亲疏两用。

——《帝范·建亲第二》

【译文】

关系亲近的人和关系疏远的人一起任用，让他们相互牵制。

笔　记

用人不能全都用自己的三亲六故，也要任用一些和自己没有关系，但可靠而又有才能的人。这样就能够起到远近相互牵制的作用，有效地避免拉帮结派、相互勾结的行为。纵然有一些人心里生出叛逆朝廷的野心，也会因为无人响应，或被别人阻遏，而成不了气候。

如何实现组织权力的制约和平衡？这是每一位管理者都会面临的问题。在重要职位的任用上，管理者大多会选择自己的亲信。这样的做法容易损失更多优秀的人，因为当贤能之士看到你是一个任人唯亲的人，他们就不愿意追随你。另外，总是任用亲信，就可能形成权力之间的互相勾结，最终造成权力失衡。

行动指南

应当将关系亲近的人和关系疏远的人并用。

星期二
博 达

君德之宏，唯资博达。

——《帝范·建亲第二》

【译文】
　　国君德行的宏大，唯有依靠博学通达才可以实现。

笔 记

　　唐太宗深知独断专行的危害，所以他非常注重听取他人的意见。贞观八年（634），大臣皇甫德参上书奏事，因为言辞过于激烈，触怒了唐太宗，唐太宗认为皇甫德参是在诽谤朝廷，要将他治罪。魏徵进言劝谏说："过去，贾谊在汉文帝时上书奏事，其中说：'有可以为君王痛哭的，有可以为君王长声叹息的。'自古以来，上书奏事，通常多激烈而迫切的话，如果不激烈迫切，就不能打动君主的心。激烈迫切就相似于诽谤，希望陛下仔细详察说的对与不对。"唐太宗听后，觉得他说得非常有道理，于是不但没有治罪于皇甫德参，反而赐给他二十段帛。

　　管理者修炼自身的德行，不仅需要投资时间于书本和课程的学习，而且需要怀着一颗谦虚的心，勤于求教，乐于求教。当然，部属的意见不可能全都正确、合理，有些甚至很幼稚。对待这些意见，如果一味予以否决，表现出轻蔑或嘲笑，就会挫伤提建议者的积极性，长此以往，就会阻塞沟通渠道，很难得到有效的意见。管理者首先应当肯定主动提建议的行为；其次，要善于发掘"幼稚"建议中的合理部分并予以采用；再次，对于错误建议则应当予以解释和说明，直到提建议者内心认同。

行动指南

　　以谦虚好学的态度，广泛地听取意见。

星期三
设分悬教

设分悬教,以术化人。

——《帝范·建亲第二》

【译文】

张设名分,悬示教令,以法来管理和教化人民。

笔 记

设立名位、职责、权利,将政令和法令公之于众,人民才能知晓对和错,才会趋善避恶,遵道守法。管理者都明白制度的重要性,他们花费人力、财力,甚至不惜重金聘请专业人员,为组织构建管理体系,制定详尽的管理制度,可成效却不尽如人意。主要的原因就是没有把制度公之于众。仅仅停留在纸面和口头上,对组织的管理状况不具有任何改善意义。制度无法执行,是因为人们根本不知道制度的存在,或是人们并不清楚遵守制度的好处和违反制度的后果。只有让所有人都明确知晓制度的内容和相应的奖惩措施,才可以真正发挥制度的作用。

行动指南

在组织内部构建透明化的管理机制,做到制度透明、评估透明、奖惩透明。

星期四
应务适时

应务适时,以道制物。

——《帝范·建亲第二》

【译文】
　　顺应时代潮流和当前形势,因时制宜,依据事物运转的规律来驾驭万物。

笔　记

　　道是统御万物的秩序,道永远不变;然而,道的表现形式、存在条件却不断变化。因此,管理者既要遵循真理,坚守核心价值观,又要因时因地制宜,懂得灵活变通。

　　经验是人类认知外部事物的重要工具。积累丰富的经验,可以触类旁通,复制借鉴,但也正是经验的作梗,人们经常作出错误决策。因为决定成败的环境、条件等因素时刻变化着,对这些因素的考察和认识不准确,就可能导致失败。"橘生淮南则为橘,生于淮北则为枳",为什么会这样呢? 因为水土、气候等环境发生了变化。

　　管理者需要树立并坚守组织的核心价值观。核心价值观是超越利润之上的追求,例如,松下电器公司的核心价值观是制造像自来水一样充裕而有用的产品;惠普公司的核心价值观是"为我们所从事的领域贡献技术;尊敬惠普人并给予他们机会;提供顾客负担得起的高品质产品"。

行动指南

　　一方面,管理者需要树立核心价值观,绝不轻易更改;另一方面,在处理具体事务时,需要细心地觉察变化的因素,灵活变通地运用真理。

星期五
蓄势待发

　　士之居世,贤之立身,莫不戢翼隐鳞,待风云之会;怀奇蕴异,思会遇之秋。

——《帝范·求贤第三》

【译文】

　　精通古今事务、贤达清明的杰出人才，处身立世，没有不收敛羽翼、隐藏鳞甲等待风和云相会的；包藏着奇特的本领，积蓄异常的才能，想着圣主和贤臣会遇的时候。

笔　记

　　"三年不鸣，一鸣惊人；三年不飞，一飞冲天。"这是楚庄王的故事。楚庄王能够一鸣惊人，是因为他懂得在有所作为之前隐藏自己的锋芒，暗自修炼学识和品德。管理者在怀才不遇或时机未熟的时候，绝不能怨天尤人、无所作为，而应当通过各种途径和方式提升自己的素质与技能，这样才能在风云会遇之际振翅而飞。管理者的自身能力和成就的高低永远是成正比的。"春播种，夏耕耘，秋收获"，这是自然的规律。春天不播种，夏天不耕耘，能指望秋天收获果实吗？同样的道理，不提升自己的素养和才能，又怎么能希望在机遇降临之时乘风扶摇而上呢？

行动指南

　　要学会蓄势待发，也就是在暗中积蓄自己的力量，等待时机成熟的时候喷发而出：第一，要具备忍辱负重的精神。第二，管理者要甘于寂寞。

第三周

借助外力

舟航之绝海也,必假桡楫之功;鸿鹄之凌云也,必因羽翮之用;帝王之为国也,必藉匡辅之资。

——《帝范·求贤第三》

【译文】

船要渡过大海,必须借助划船的工具;鸿鹄要凌云翔翔,必须依靠羽毛和翅膀;帝王治理国家,必须借助能够匡辅国家的贤才。

笔记

"千金之裘,非一狐之腋;大厦之材,非一丘之木;太平之功,非一人之略。"价值千金的皮衣,不是一只狐狸腋下的皮毛制成的;建造一所大厦的木材,不是一座山上的树木就足够了;将天下治理得太平,不是一个人的谋略就可以实现的。身为国君,希望自己的国家疆域绵远、繁荣昌盛,就必须广泛地借助贤才的智慧和力量。如果独断专行、刚愎自用,导致众叛亲离,那么即使想有所作为,也是心有余而力不足。

刘备三顾茅庐拜谒诸葛亮,诸葛亮出山后,辅助他平定蜀地,开创三足鼎立的政治局面。唐太宗认为,人才比金银珠宝更珍贵——"照车十二,黄金累千,岂如多士之隆,一贤之重"。由此可以看出,管理者要成就卓越的事业,必须借助杰出的人才。

行动指南

管理者的重要工作之一就是为组织引进人才。

星期二
任人与用人

明君旁求俊义，博访英贤，搜扬侧陋。不以卑而不用，不以辱而不尊。

——《帝范·求贤第三》

【译文】

英明的君主广泛地招揽俊杰，博访英明贤达的人才，连隐僻鄙陋之处的人才都想方设法寻找出来。只要是有用之才，就不会因为他出身卑贱而不用他，也不会因为他受过侮辱而不尊重他。

笔　记

伊尹只是一介奴隶，却受到商汤的重用；周文王没有因为姜子牙穷困卑贱、年岁已高而忽视他；管仲曾用箭射杀过齐桓公，齐桓公却不计前嫌重月他……类似的事例不胜枚举。综观历史，我们不难发现，成就大业者都是爱惜人才、不拘一格任人用人的高手。

管理者如果自恃位高权重，独断专行，则必然导致众叛亲离。事实上，管理者与被管理者永远是双向选择。"水可载舟，亦可覆舟。"统治者如果只顾牟取私利，肆意损害民众利益，最终结果就是被推翻。在组织内，如果管理者不具有爱才、惜才意识，部属就会丧失积极性，隐藏自己的才华，不愿意施展。

对于企业也是如此。例如，比尔·盖茨每天最乐意做的事是打电话给全世界的IT英才们，邀请他们来公司参观，共谋大业。他视人才为企业的根本。松下幸之助说自己的公司是"制造人才的公司，顺带制造电器产品"，充分表露出他重视人才的思想。

行动指南

第一，树立爱才、惜才的意识。

第二，在组织内建立合理的晋升机制。

第三,宽容犯过错的员工。"人非圣贤,孰能无过?"再给他们一次机会,让他们用成绩证明价值。

第四,善于发现底层人才。

星期三
知人善用

明主之任人,如巧匠之制木,直者以为辕,曲者以为轮;长者以为栋梁,短者以为栱角。无曲直长短,各有所施。

——《帝范·审官第四》

【译文】

明智的君主任用人才,好像能工巧匠选用木料一样,直的就用它做车辕,曲的就用它做车轮;长的就用它做栋梁,短的就用它做栱角。不管是曲的直的,还是长的短的,都能派上用场。

笔 记

英明的君主对人才不会求全责备。人非圣贤,不可能完美无瑕。如果总是希望找到十全十美的完人,结果可能是永远也找不到合适的人选。管理者完全可以通过不同专长的人才的搭配与组合,打造出完美的团队组织。唐太宗认为,明智的君主选用人才,和能工巧匠选用木材的道理一样:"智者取其谋,愚者取其力,勇者取其威,怯者取其慎"。

知人与善用是递进关系。只有先对人才有充分的了解,才能合理地任用他们,让他们在组织中发挥各自最大的作用。很多管理者并没有花足够的时间和精力来了解组织成员的素质和能力,只是凭借粗浅的印象,或者完全从自身需求出发,强硬要求组织成员为自己办事。这种不考虑员工自身职业规划和能力素质的用人行为,绝不会取得良好的成效,也无法长久地留住人才。

【行动指南】

第一,时时处处不忘与组织成员沟通。

第二,完善员工档案。要充分了解员工,必须丰富和完善他们的档案,增添诸如"家庭"、"爱好"、"培训记录"、"能力"、"重大业绩"等栏目,详细记录他们的信息。

星期四
不求全责备

不以一恶忘其善;勿以小瑕掩其功。

——《帝范·审官第四》

【译文】

　　不因为他做了一件坏事就忘掉他做过的所有好事;不因为他有一点小的过错就抹杀掉他所有的功绩。根据不同的政务分设不同的职能部门,这样就可以人尽其用。

【笔　记】

　　可以说,只要是人,没有不做错事的。没犯过错就不知道错为什么是错,对为什么是对——这个道理等同于"不知死,焉知生"。犯错并不可怕,只要不是致命的错误,都可以通过纠正来弥补损失;可怕的是错而不思悔改,一错再错,导致不可挽救的后果。观察一个人的善恶本性,不可凭借一时的表现,而应当考察其长期的行为。一个长期行善的人,偶尔做一件坏事,应当以宽容的心原谅他的过失;一个功劳卓著的人存在一点不足,就像美玉有点小瑕疵一样,不可因此而舍弃美玉,抹杀功绩。

【行动指南】

　　应当以一颗包容的心看到部属的成果,不要纠缠于小错。

星期五

不苟求文辞

其义可观，不责其辩；其理可用，不责其文。

——《帝范·纳谏第五》

【译文】

> 如果一个人所说的话在道理上合乎大义，那么他的辩辞巧拙是无关紧要的；如果他说的事理可以采用，我们又何必在乎他表达事理的文采呢？

笔 记

如果一个人所说的话顺应大义、合乎事理，难道还要在乎说话方式的巧妙和文采吗？事实上，花言巧语不足以信任，空洞堆砌的文章不能够采用。

身在职场的人都非常注重沟通技巧，针对不同的对象，运用的沟通技巧也会有所不同，这已经成为一门颇流行的学问。沟通技巧的重要性毋庸置疑，但是，过分追求技巧很容易造成花言巧语却回避问题实质的糟糕后果。管理者身居高位，如果下属每次汇报情况或提意见时，都要考虑遣词造句的巧妙与否，都要注重沟通的技巧，都试图让领导听了舒心，必然会将负面信息和领导忌讳的信息过滤掉，导致下属陈述的内容与事实偏离，最终造成管理者的决策失误。

行动指南

第一，对于激烈过分的话语，不可轻易动怒，而应当仔细分辨其中的道理。

第二，对于不中听的、刺耳的话语，不要刻意回避。只有勇敢地直面弱点，采取正确的应对措施，才能将问题解决。

第三，谨慎对待花言巧语。

第四周

星期一

远离谗佞之人

夫谗佞之徒,国之蝥贼也。

——《帝范·去谗第六》

【译文】

诌谀奸佞之徒,就像专吃苗根的蝥虫一样,是国家的大患。

笔 记

　　唐太宗详细阐述了谗佞之人对国家的危害:首先,谗佞之人贪财谋利,窃取权势,争求一时的荣华富贵,不惜损害别人和国家利益,根本无心匡扶社稷;其次,他们只会阿谀奉承,自己不具备辅佐国君的才能,却嫉妒忠良贤能的人地位在自己之上;再次,谗佞之人拉帮结伙,相互勾结,无孔不入,遮蔽了国君的眼睛,堵塞了贤臣的嘴巴,使得上下难以通达;最后,谗佞之人只会花言巧语,察言观色,取悦国君,霸占权位却不会做有助于国计民生的实事,使得有才能的人难以施展才华。

　　管理者身居高位,眼观耳闻所获知的信息是非常有限的,而且大部分信息都是经过部属多次过滤的,往往偏离事实真相。可以说,管理者身边的人,就是管理者本人的耳目喉舌。如果他们不能提供客观、准确的信息,管理者就无法做出正确而有效的决策。即使一项决策英明而富有实效,但在具体的执行过程中,由于谗佞小人的干涉和搅乱,决策就会变形走样,不可能取得预期成果。因此,管理者要使自己的工作富有成效,必须远离谗佞之人。

行动指南

　　第一,自己随时随地坚持正道,不做损害别人利益的事情。
　　第二,时刻保持一颗警惕的心,不要被花言巧语迷惑。

星期二

用人之道

不以求备取人，不以己长格物，随能收叙，无隔卑贱。

——《贞观政要·任贤第三》

【译文】

　　不以求全责备来选用人才，不用自己的长处来要求他人，根据他人的才能任用，不因他人的地位卑贱而排斥。

笔 记

　　"任贤"即"任人唯贤"，唐太宗一再强调"为政之要，惟在得人"、"致安之本，惟在得人"的任贤主张。后来其开创的贞观之治，首先得益于他任人唯贤的管理思想。

　　任贤篇指出，人才是治国理政的关键。满朝贤良，则能政通人和，百废俱兴；奸人当道，则会败坏朝政，祸害百姓。

　　如何选用人才，并不存在唯一的标准，但是，唐太宗用人之道的成功秘诀在于：一是不求"全才"，只求"专能"，既然人无完人，那么，就不要以完美之人的标准来招贤纳士。二是求别人之长，不以自己长处否定他人。三是任人唯贤，唯才是举。

　　历史上任人唯贤首推曹操。建安十五年（210），曹操颁布《求贤令》，十九年（214）再次下令，二十二年（217）第三次颁布，这就是有名的"求才三令"。曹操的"唯才是举"，反对两汉以来奉行出身门第的传统思想，对于其统一北方发挥了重要的作用。唐太宗深谙曹操此举的重要意义，经历南北朝的门第制度，唐代以来尚存门第高低、出身贵贱之风。唐太宗此举大大促进了唐朝下层寒士进入国家官僚集团，为整个唐代初期社会的繁荣，奠定了坚实的基础。

行动指南

　　充分重视人力资源对公司发展的作用，善于挖掘人才、培养人才。

星期三

人有所短,用其所长

有学识,强谏诤,是其所长;爱生活,好经营,是其所短。今凌敬为人作碑文,教人读《汉书》,因兹附托,回易求利,与臣等所说不同。陛下未用其长,惟见其短,以为臣等欺罔,实不敢心服。

——《贞观政要·纳谏第五》

【译文】

有学问见识广,敢于直言进谏,这是他的长处;喜爱生活享受,贪求谋财获利,这是他的短处。现在凌敬为人写碑文,教人读《汉书》,用这个作为借口谋求财富利益。这和我们所说的不正相同吗?陛下不任用他的长处,却只看到他的短处,以为臣子欺君罔上,我们臣子心中实在不服气。

笔 记

贞观十一年(637),有人告诉唐太宗,由魏徵等人举荐的凌敬曾向人索取过财物。太宗就此指责魏徵等人推荐不称职的官员。魏徵回答说:"我每次推荐的时候,总是既讲被举荐人的长处,也讲他们的短处。陛下您应该任用他的长处,不应该只看到他的短处。"

"尺有所短,寸有所长。"任何贤能的人才都不可能完美无缺,魏徵正是非常清楚地意识到了这一点,才会在举荐人才的时候,不搞一刀切。把被举荐人的优点和缺点悉数告知,这样便于皇帝任用,这是"人有所短,用其所长"的第一层意义。

既然每个人都有不足,那么,用人就没有必要紧紧盯着他的短处,为何不能让他充分施展长处而加以利用呢?魏徵对唐太宗的回复,表明了一个用人的立场:如果从优点来看一个人,那么,这个人就是完美的;如果从缺点来看一个人,那么,这个人就永远不会成为好人。所以,看人的角度不同,决定了这个人是人才还是平庸之辈。

行动指南

要根据每个人的特点加以任用,只要能够发挥这个人身上最大的优点和长处,就可以称之为有一技之长的人才,而不必过于计较他身上是否存在其他的缺点。

星期四

勿使能者多劳

以一人耕而百人食,其为害也,甚于秋螟。

——《帝范·务农第十》

【译文】

让一个人去耕种,而去养活百口人,这样做的危害,是比秋天的蝗虫去吞噬庄稼更可怕。

笔　记

唐太宗的这句话强调了农耕的重要性。在古代,农业是立国安民的根本,只有解决了百姓"吃"的问题,国家才会安定、发展。此外,唐太宗的这句话仍给我们很大的启示——不要使能者多劳。

组织中能力较强的人,相比于其他人而言,总能出色地完成任务。管理者就会特别信任和器重他,需要用人的时候首先就会想到他。因此,这个人就会比其他人接到更多的任务,承担更多的责任,最后出现了很戏剧性的状况——组织中很多人无事可做,而有些人却忙得分身乏术。这样不仅浪费人力资源,给有能力的人造成很重的负担,而且不利于组织整体能力的提升。

行动指南

第一,明确常规事项的责任人。换言之,就是组织运营的日常事务,必须规定明确的责任人,不要轻易转嫁到那些有能力者的肩膀上。

第二,对无法明确责任人的事项,应当成立临时工作组,让有能力的人担任组长,赋予他相应的职权,让他能够调遣和支配他人,这样就可以避免所有事情都需要他亲力亲为的情况。

第三,让多劳者多得。劳有所获,这不仅是对多劳者的公平,也是对平庸者的激励。

星期五
择善而用

朕闻卿等规谏,纵不能当时即从,再三思审,必择善而用之。

——《贞观政要·行幸第三十七》

【译文】
　　我听到你们臣下的规劝谏言,即使不能当时就听从照办的,经过再三思考审查之后,一定会选择好的谏议加以采用。

笔 记

在历史上,唐太宗纳谏如流的美德往往被人津津乐道。然而,唐太宗纳谏如流的态度,其实并非我们想象的那样简单。即使考虑到国家社稷的安危,但至高无上的皇帝低下头来敢于承认自己的错误,并且按照臣下的谏言执行,这需要作出怎样的艰难选择是可想而知的。即使是唐太宗本人,也不可能完全做到在谏言面前毫不犹疑地接受,这正是他说的"纵不能当时即从"的重要原因。

对于一般的帝王而言,当时不能即从很可能意味着臣下的谏言就不了了之,而唐太宗在纳谏上还有另外一个重大的优点,就是"再三思审"。他要以个人冷静的思考再次审查臣下意见是否合理,如果不合理,则不予采纳;如果确实客观合理,那就"必择善而用之"。

今天,现代企业领导在对待各级干部和普通员工的建议上,也有能够做到纳谏如流的,但是大多数并非如此。无论是出于面子问题,还是出于个人能力与普通员工、各级干部之间有所差异,领导都应该学会唐太宗的"纵不能当时即从,再三思审",通过理性的反思,最终实现"必择善而用之"。

行动指南

对待建议要善于辨别分析,如果确实客观公正,就应该当面接受,树立领导纳谏如流的形象。即使当面难以接受,也应该在事后仔细反思审查,根据判断结果给予不同的回复。

图书在版编目(CIP)数据

李世民管理日志/潘竞贤,张兴龙编著. —杭州:浙江
大学出版社,2010.9
(国学管理日志)
ISBN 978-7-308-07909-9

Ⅰ.①李… Ⅱ.①潘…②张… Ⅲ.①李世民(599~
649)—人物研究②企业管理—通俗读物 Ⅳ.①K827＝421
②F270－49

中国版本图书馆 CIP 数据核字(2010)第 161469 号

李世民管理日志

潘竞贤　张兴龙　编著

策　划　者	蓝狮子财经出版中心	
责任编辑	王长刚	
出版发行	浙江大学出版社	
	(杭州市天目山路 148 号　邮政编码 310007)	
	(网址:http://www.zjupress.com)	
排　　版	杭州大漠照排印刷有限公司	
印　　刷	杭州杭新印务有限公司	
开　　本	710mm×1000mm　1/16	
印　　张	19.75	
字　　数	339 千	
版 印 次	2010 年 9 月第 1 版　2010 年 9 月第 1 次印刷	
书　　号	ISBN 978-7-308-07909-9	
定　　价	42.00 元	

国学管理日志系列图书

读国学 学管理
以国学智慧通透管理 以管理思维重读国学

浙江大学出版社
蓝狮子财经出版中心 联合推出